S'affranchir de la Peur : Naviguer avec Courage et Confiance

ISBN : 9798230708445

Sommaire

Introduction

Introduction

La peur... Cette émotion qui nous étreint, nous secoue et parfois même nous paralyse. C'est un sentiment primitif, viscéral, ancré au plus profond de notre être. Un héritage de nos ancêtres, un mécanisme de survie qui nous alertait des dangers environnants quand nous n'étions que de frêles créatures errant dans la nature hostile.

Aujourd'hui, bien que notre mode de vie ait radicalement changé, la peur continue de jouer un rôle prépondérant dans nos existences. Simplement, les menaces ont pris d'autres formes, plus insidieuses, moins évidentes. Les prédateurs à combattre ne sont plus des fauves affamés, mais plutôt nos propres angoisses, nos doutes et nos appréhensions face à un monde complexe et en perpétuelle évolution.

Car oui, la peur est omniprésente, même dans notre quotidien supposément "sécurisant". Peur de l'échec, de la solitude, du jugement des autres... Autant de spectres qui peuvent nous hanter et entraver notre épanouissement. Et pourtant, la clé pour transcender ces craintes réside en nous. Tout est une question de gestion, d'apprivoisement de ces émotions parfois déstabilisantes.

Apprendre à identifier les sources de nos peurs, les rationaliser, les remettre en perspective... Voilà des compétences essentielles pour ne pas se laisser submerger. Car si on ne parvient pas à dompter nos frayeurs, ce sont elles qui finiront par nous dompter. Paralysées par l'angoisse, nous passerons à côté de belles opportunités, de chances de nous réaliser pleinement.

Se libérer de la tyrannie de la peur, c'est s'ouvrir à un univers de possibilités. Oser franchir de nouveaux paliers, se lancer des défis, explorer des contrées inconnues... Bref, c'est véritablement VIVRE, au lieu de seulement exister dans la crainte perpétuelle.

Bien sûr, ce n'est pas un combat aisé. Surmonter ses appréhensions est un travail de longue haleine qui requiert courage, persévérance et bienveillance envers soi-même. Un cheminement parsemé d'embûches, de rechutes... Mais n'est-ce pas là le propre de toute quête qui en vaut la peine ?

Alors n'ayons pas peur de la peur. Embrassons-la, pour mieux l'apprivoiser. Faisons-en une alliée plutôt qu'une geôlière. Une compagne de route, certes parfois envahissante, mais dont la présence nous rappelle à quel point nous tenons à cette vie... Et à quel point il est vital d'en savourer chaque instant, sans se laisser entraver par d'injustifiées terreurs.

Chapitre 1 : Comprendre la nature de la peur

La peur est une émotion primaire qui nous habite tous, des plus jeunes aux plus âgés. Elle fait partie intégrante de notre condition humaine, ancrée au plus profond de nos entrailles pour assurer notre survie. Depuis la nuit des temps, cette sensation viscérale et insaisissable nous avertit des dangers, qu'ils soient réels ou imaginaires.

Qui n'a jamais ressenti les frissons glacés de l'effroi courir le long de son échine ? Qui n'a jamais connu les battements affolés d'un cœur pris dans l'étau de la terreur ? La peur revêt mille visages, de la simple appréhension à l'épouvante la plus totale. Elle peut nous paralyser sur place ou nous donner des ailes pour fuir à toutes jambes. Parfois légitime, souvent irrationnelle, elle transcende les âges, les cultures et les continents.

Nos premiers émois sont déjà teintés de crainte : peur du noir, peur des monstres, peur de se perdre... L'enfant apprend vite à apprivoiser ces frayeurs à mesure qu'il grandit et que son esprit se forge. Pourtant, l'adulte n'est pas épargné pour autant. Les peurs évoluent, se transforment, changent d'apparence au gré des expériences vécues.

Peurs existentielles, peurs sociales, peurs physiques... Notre psyché regorge de terreurs à déterrer. Chacun cultive ses propres obsessions, nourrit ses angoisses secrètes. La peur de l'échec, de la solitude, du jugement d'autrui, du lendemain... Autant de spectres qui hantent nos pensées et minent notre quotidien.

Profondément ancrée, la peur peut devenir une véritable prison mentale dont il est difficile de s'extraire. Certains s'y complaisent, l'érigent en rempart contre un monde qui les effraie. D'autres choisissent de l'affronter, mus par le courage et la détermination de ne pas se laisser dévorer par leurs propres démons.

Qu'est-ce qui se cache réellement derrière ces peurs tenaces ? Quel est le véritable prix à payer pour s'en libérer ? Comprendre la nature profonde de la peur, en saisir les ressorts et apprivoiser nos propres terreurs est un cheminement à la fois universel et intime que chacun, à un moment ou un autre, se doit d'entreprendre.

Les origines et les mécanismes de la peur

Les origines de la peur remontent aux tout premiers balbutiements de la vie sur Terre. Cette émotion primordiale est gravée dans nos gènes depuis les temps immémoriaux où nos ancêtres n'étaient que de frêles créatures luttant pour leur survie au milieu des dangers d'un environnement hostile.

La peur est d'abord un mécanisme de défense indispensable, un précieux instinct qui permet d'assurer la pérennité de l'espèce. Face au péril, qu'il prenne la forme d'un prédateur affamé ou des crocs acérés d'une bête sauvage, la peur est ce signal d'alarme vital déclenchant la réaction de "fuir ou se battre". Une décharge d'adrénaline est envoyée aux muscles pour les préparer à l'action. Le rythme cardiaque s'accélère, les pupilles se dilatent, les sens sont en alerte...

Chez l'Homme comme chez l'Animal, ces mécanismes conduisent à deux comportements instinctifs : prendre la fuite ou faire face au danger. Une fois le risque écarté, les effets de la peur s'estompent progressivement, jusqu'au retour au calme. Sans ce réflexe salutaire, l'évolution n'aurait pu suivre son cours. Nos lointains ancêtres seraient restés des proies faciles, incapables d'échapper aux multiples périls les guettant.

Mais alors que les craintes des premières civilisations étaient avant tout liées à la survie élémentaire, les peurs se sont peu à peu complexifiées au fil de l'évolution de l'Humanité. L'homme a progressivement étendu ses terreurs à d'autres domaines, développant de nouvelles angoisses au gré des aléas de la vie en société.

L'apparition de la peur de l'inconnu, de l'étrange, de l'autre, marque un tournant déterminant. Les premières peurs imaginaires, indépendantes de toute menace immédiate pour la vie, font leur entrée. Par méfiance de ce qui nous est étranger, nous redoutons l'imprévu, le changement, l'inattendu. Notre confort de vie est ébranlé par la perspective de nouveautés susceptibles de remettre en cause nos certitudes et nos habitudes.

De la peur de l'abandon naît celle de la solitude, du rejet du groupe, de l'exclusion de la communauté vitale à notre subsistance. Inconsciemment ancrée dans nos esprits, la hantise du lien distendu ou rompu avec nos semblables fait sourdre angoisse et insécurité.

Tandis que les sociétés sédentaires se constituent, de nouvelles peurs émergent : celle du chaos, du désordre, des conflits menaçant la paix précaire des cités. L'homme éprouve le besoin d'instaurer des règles, des lois, une hiérarchie dominante afin de se prémunir de l'anarchie redoutée.

Moins flagrante que la terreur éperdue déclenchée par une agression, la peur revêt ainsi de multiples formes sournoises au fil du temps : l'appréhension, l'anxiété, le stress, l'inquiétude... États intérieurs lancinants et chroniques érodant peu à peu la sérénité de l'âme.

Si les mécanismes biologiques sont régulés par l'amygdale cérébrale, ces peurs dites "sociales" ou anxiétés pathologiques semblent davantage contrôlées par le cortex préfrontal. Les connexions entre ces deux régions jouent un rôle majeur dans la régulation des émotions.

Toutes nos expériences, notre vécu, notre environnement familial et social, nos blessures et nos traumatismes viennent façonner un rapport au monde teinté de craintes et d'angoisses. Les phobies obsessionnelles, les peurs irrationnelles, les terreurs paniques prennent racine dans un magma de souvenirs douloureux et de schémas de pensées négatifs ancrés dans notre inconscient.

Chez les enfants, les peurs dites "traditionnelles" (noir, monstres, abandons...) font partie intégrante du développement psychologique et de la construction identitaire. Dépasser ses frayeurs, en faire des alliées qui nous rendent plus forts est un passage obligé vers l'âge adulte. Celui ou celle qui ne parvient pas à apprivoiser ses terreurs risque de se retrouver enkyster dans un carcan étouffant.

À l'inverse, les angoisses excessives, obsédantes et disproportionnées qui envahissent la vie d'un adulte peuvent être le signe de troubles psychologiques plus profonds : stress post-traumatique, troubles anxieux, phobies paralysantes... Des failles dans les procédures de régulation de la peur qui méritent une prise en charge adaptée.

Car si elle nous protège et nous prémunit, la peur a aussi un revers : celui de nous enfermer dans une cage dont nous seuls détenons les clés... Une peur sans objet, irrationnelle et dévorante peut se muer en entrave à notre plein épanouissement, en frein à notre soif de vivre et de découvrir. Apprivoiser ses démons pour s'en libérer est un défi que chacun doit relever à un moment donné pour se sentir pleinement vivant.

Les effets néfastes de la peur sur notre vie et nos décisions

Cette émotion aussi vieille que l'humanité, peut se révéler l'alliée la plus précieuse comme la pire des entraves. Quand elle n'est qu'un légitime signal d'alarme nous prévenant d'un péril, elle remplit son office de protection viscérale et de garde du corps. Mais lorsqu'elle prend les traits d'une angoisse dévorante, disproportionnée et omniprésente, la peur se mue alors en un poison insidieux et invisible qui vient entraver notre existence. Semant ses frustrantes restrictions à chacun de nos pas, elle entrave nos choix, bride nos espoirs, muselle nos rêves. Enfermée dans les tréfonds de notre psyché, elle tisse une toile d'inquiétudes paralysantes qui ralentit notre élan vital. Des prisons mentales, des zones de conforts mortifères, des actes manqués par manque d'audace... La peur aime à se draper de multiples visages pour mieux asservir notre pleine liberté d'être et d'agir. Décryptons sans détour les effets néfastes de ce poison lent qui peut entacher nos existences.

- **La prison mentale**

Avant même de pouvoir pleinement déployer nos ailes, la peur nous enferme dans une prison dont les barreaux sont tout aussi solides que la pire des geôles. Celle de nos pensées. Un cercle vicieux infernal où les angoisses les plus tenaces, vectrices de stress, de tensions et de craintes exacerbées, viennent saturer notre mental.

Lorsque l'esprit est constamment assailli par toutes ces peurs qui l'accaparent, plus aucune place ne subsiste pour d'autres aspirations. L'énergie psychique est entièrement drainée, captée par ce flot continu de ruminations anxiogènes. On perd alors la présence, la pleine conscience de l'instant présent.

Au lieu de savourer chaque moment dans sa simple vérité, nous sommes systématiquement projetés dans une réalité fantasmée et inquiétante. Noyés sous les élucubrations les plus funestes, nous cultivons plus que jamais nos angoisses au lieu de les éteindre. La peur s'auto-alimente ainsi sans fin, nous enfermant dans un cycle infernal dont il est ardu de s'extraire.

- **Le frein à l'audace**

Qui n'a jamais rêvé d'entreprendre un jour, de se lancer dans un projet fou, de concrétiser une ambition dévorante ? Pourtant, combien d'entre nous ont réellement osé franchir le pas, transgresser la limite pour aller au bout de leurs désirs les plus audacieux ?

La peur est cette insidieuse petite voix qui vient saper nos meilleures résolutions. Celle qui nous souffle inlassablement : "Et si tu échouais ? Et si tu n'étais pas à la hauteur ? Et si tout cela n'était qu'un leurre, une chimère ?". Autant de doutes paralysants semés sur notre route avec pour seul objectif de nous détourner de notre voie.

Face à ces innombrables "si" qui nous tenaillent, beaucoup d'entre nous finissent par renoncer à leurs rêves les plus fous pour demeurer dans leur zone de confort rassurante. Est-ce bien raisonnable ? Car ce faisant, n'est-ce pas une part essentielle de notre être, celle en quête d'aventure et d'inconnu, que nous étouffons à petit feu ?

Oser c'est de se défaire des carcans, des barrières que nous nous imposons par pure frayeur de l'échec ou du regard d'autrui. Notre existence toute entière pourrait prendre une toute autre saveur si seulement nous parvenions à dompter nos peurs plutôt que de leur céder...

- **Le poids des responsabilités**

Devenir parent, se marier, signer pour un crédit immobilier, décrocher un emploi à hautes responsabilités... Autant d'étapes cruciales de la vie où la peur a son rôle à jouer. En bien ou en mal.

D'un côté, une certaine dose d'appréhension peut se révéler salutaire, comme un avertissement nous rappelant la gravité et l'importance d'un choix décisif qui engagera notre existence. De l'autre, une angoisse trop vive, une peur dévastatrice peut conduire à l'immobilisme, la procrastination. Et se voir indéfiniment repoussés ces évènements clés faute d'oser franchir le cap.

Se laisser dévorer par ses angoisses, c'est aussi prendre le risque d'agir sous la pression et le stress au lieu d'écouter sa conscience intime. Combien de parents culpabilisent de n'avoir su faire certains choix, par pure terreur de la responsabilité qui leur incombait ? Combien d'individus ont embrassé une carrière par défaut, par la voie de la facilité plutôt que d'affronter leurs rêves véritables ?

Au terme de cette exploration initiatique de la peur, une évidence s'impose : cette émotion primordiale, bien que nécessaire à notre survie, peut se muer en une entrave redoutable à notre pleine réalisation si l'on n'apprend pas à l'apprivoiser.

La peur fait partie intégrante de notre nature humaine. Ses origines remontent aux premières lueurs de la vie, quand nos ancêtres n'étaient que des proies vulnérables dans un environnement hostile. Ce mécanisme de défense vital, orchestré par l'amygdale cérébrale, fut la clé de la pérennité de l'espèce. Sentir la peur pour réagir et fuir le danger était une nécessité absolue.

Mais l'Homme, dans sa quête perpétuelle de maîtrise et de compréhension du monde qui l'entoure, a peu à peu complexifié cette peur salvatrice. Dépassant le stade du pur instinct primitif de conservation, il a développé de nouvelles craintes existentielles, une palette d'angoisses toujours plus vaste au fur et à mesure que les sociétés évoluaient.

La peur de l'inconnu, celle du changement, du rejet, de la solitude... autant de terreurs psychologiques ancrées au plus profond de nos esprits, fruits de la construction sociale et des tumultes traversés. Notre vécu, nos blessures, nos schémas de pensées viennent façonner un rapport aü monde teinté d'inquiétudes et d'obsessions.

Si ces peurs sont inhérentes à la condition humaine, leur emprise sur nos existences devient problématique lorsqu'elles débordent de leur cadre initial pour se muer en phobies dévorantes et disproportionnées. Nos angoisses, loin de nous protéger, nous enferment alors dans une prison mentale étouffante. Pire, elles deviennent un frein à notre épanouissement, sapant nos audaces et nos projets les plus explorateurs.

Combien d'aspirations avons-nous fait avorter par crainte de l'échec, du jugement ou du qu'en-dira-t-on ? Combien de décisions essentielles avons-nous repoussées indéfiniment par pure terreur d'en assumer les conséquences et les responsabilités ? Nombre d'entre nous optent pour la voie de la sécurité rassurante plutôt que d'oser franchir le cap pour aller au bout de leurs rêves.

Pourtant, l'Homme n'est-il pas cette créature foncièrement audacieuse, avide de découvertes et d'aventures ? Chacun recèle en son for intérieur ce désir ardent de repousser les limites, de se défier, de se réinventer sans cesse. Mais pour laisser libre cours à cet élan vital, il nous faut d'abord apprendre à dompter nos propres peurs afin qu'elles ne soient plus une entrave.

Se connaître, décrypter ses angoisses les plus tenaces, en saisir les origines et les mécanismes pour mieux s'en affranchir... Voilà la clé pour recouvrer toute la plénitude de son existence. Un cheminement complexe et initiatique, aux multiples embûches, que personne ne saurait prétendre avoir pleinement accompli. La peur est une compagne d'ombre à laquelle nous vouerons toujours une partie de nos pensées.

Mais c'est en l'apprivoisant plutôt qu'en la fuyant, en faisant de cette peur une alliée au lieu d'une geôlière, qu'elle cessera d'être ce poids sur nos ailes pour redevenir le moteur d'un élan vital toujours plus exploratoire. Celui qui la musèlera jusqu'à en faire une force ira au bout de ses aspirations les plus audacieuses. Au prix d'un effort de lucidité permanent sur soi-même, mais avec pour récompense insigne la saveur d'une vie pleinement embrassée.

Chapitre 2 : Identifier ses peurs personnelles

Chacun d'entre nous transporte avec lui son lot de peurs, de craintes plus ou moins tenaces qui façonnent son rapport au monde. Des frissons d'appréhension affleurant parfois à la surface, mais bien souvent, des angoisses profondes et insidieuses qui se terrent au fond de nos âmes pour mieux nous hanter.

Avouons-le, nous portons tous un masque de fausse assurance, comme ces acteurs qui excellent à jouer la comédie du bonheur et de l'insouciance sur les planches de la grande scène de la vie. Pourtant, lorsque les lumières s'éteignent et que les rideaux tombent, que reste-t-il sinon nos peurs secrètes pour uniques confidentes ?

Car chacune de nos existences abrite son petit théâtre intime où se jouent les plus folles représentations anxiogènes. Dans les loges de nos esprits se maquillent et se costument tous ces obscurs fantômes dont nous redoutons la venue.

Qui ne s'est jamais surpris à frissonner en pleine nuit, hanté par ces vieilles terreurs enfantines que même l'âge n'a su conjurer ? Crainte du noir, peur panique de se perdre, angoisse maladive face à certains animaux... Ces frayeurs primitives rôdent encore, prêtes à nous assaillir au moindre relâchement de notre garde mentale.

Tout au long des âges, nous égrenons ces multiples angoisses qui viennent se superposer aux précédentes sans jamais vraiment s'effacer. Peur du jugement, peur du ridicule, peur de l'échec, peur de l'abandon ou de la solitude... Une cohorte de spectres qui s'amassent, grossissent les rangs des troupes de nos cauchemars éveillés.

Chaque expérience affective ou relationnelle douloureuse vient alimenter ces terreurs obsédantes, leur donner un peu plus de chair et de consistance dans nos esprits. Nos failles, nos fêlures, nos blessures secrètes deviennent les réceptacles d'angoisses aux ramifications multiples qui vampirisent peu à peu nos forces vives.

Nombreux sont ceux qui, par pudeur, par honte ou par simple terreur de se confronter à leurs propres démons, préfèrent lésiner ou les camoufler sous le trait d'humour épais. D'autres au contraire, vaincus d'avance par l'ampleur de la tâche, se complaisent dans leurs abimes de craintes devenues prisons dorées.

Pourtant, point de libération ni d'apaisement véritable sans ce défi ardu mais ô combien salutaire : lever le voile, accepter de se dévisager dans le plein miroir de son âme pour identifier une à une ces peurs qui nous rongent. Les mettre à nu, sans fard ni artifice, avec une redoutable honnêteté.

Car c'est la première étape incontournable sur le chemin de la connaissance de soi. Avant de pouvoir les apprivoiser, les dompter, ces angoisses qui font notre ombre portée méritent d'être d'abord reconnues, disséquées et mises au grand jour. Loin des psychodrames intérieurs, seul un travail d'introspection implacable pourra nous permettre de retracer leurs sentes sinueuses jusqu'à leurs origines les plus enfouies.

Se connaître soi-même passe nécessairement par cette plongée au cœur du souterrain de ses propres frayeurs. Une exploration aussi ardue que vitale, exigeant un courage jalousement préservé : celui d'oser se regarder en face, sans détour ni complaisance. Celui qui y parviendra, qui saura faire de ses peurs des alliées plutôt que des bourreaux, pourra alors aspirer à la paix de l'esprit et à la plénitude de l'existence.

Les différentes formes de peur : peur de l'échec, peur du jugement, peur de l'inconnu, etc.

La peur revêt d'innombrables visages aux traits tour à tour familiers ou insaisissables. Elle se glisse dans les recoins les plus insoupçonnés de nos esprits pour mieux nous hanter. Véritable caméléon de l'âme, elle emprunte mille et une apparences aussi variées que les phobies et angoisses qu'elle génère. Décryptons quelques-unes de ses principales incarnations...

- **La peur de l'échec, ce frein à l'audace**

Qui n'a jamais senti son élan se briser sur les récifs de cette crainte tenace : celle de n'être pas à la hauteur, de chuter, de faillir dans ses entreprises ? Pourtant, combien parmi nous ne se sont jamais lancés dans un projet par pure terreur de l'insuccès ?

Car cette peur, lorsqu'elle devient un véritable complexe, a ce pouvoir dévastateur de museler nos aspirations les plus folles, d'étouffer dans l'œuf nos désirs les plus brûlants. Plutôt que de risquer de n'être qu'un raté, mieux vaut ne rien tenter pour demeurer dans un prudent statu quo...

Insidieuse, la peur de l'échec s'immisce dès les premiers balbutiements de nos vocations pour voler notre insouciance. D'un rien, d'un simple doute sur nos compétences, elle érige une muraille apparemment infranchissable. Et si c'était trop difficile ? Et si je n'y arrivais pas ? Autant de questions déstabilisatrices qui viennent saper notre motivation, notre énergie.

Des artistes de génie n'ont-ils pas renoncé à leur art par pure crainte du jugement acerbe des critiques ? Des entrepreneurs visionnaires ont-ils abandonné des concepts novateurs par peur de l'insolente réussite ? Que de richesses humaines volés en éclats par pur crainte d'un éventuel échec à venir.

- **La peur du jugement, la hantise du qu'en-dira-t-on**

Peu d'angoisses sans doute sont aussi prégnantes et ancrées que celle du regard des autres, de l'opinion de nos pairs sur nous-mêmes. Comme une chape de plomb sur nos libertés, la peur du jugement nous contraint à rentrer dans un cadre uniforme et sans relief, formaté.

Le qu'en-dira-t-on est ce joug étouffant qui bride nos élans les plus naturels pour préserver les apparences. Par défaut, nous préférons alors revêtir le masque de la norme plutôt que d'être nous-mêmes au risque de déplaire ou de choquer.

Que de vies tronquées, de destins avortés par cette funeste obsession de plaire à tout prix et de n'attirer aucun opprobre sur sa personne ! Combien d'existences étriquées, vissées sur le qu'en-pensera-t-on plutôt que sur leurs propres aspirations intimes !

Car cette crainte maladive du verdict social porte un autre nom : la honte. Sentiment dévastateur qui nous coupe des autres quand il n'est plus ce simple garde-fou contre l'indécence mais cette chape de tartre qui vient paralyser toute velléité d'originalité.

Les tyrans du jugement ne sont autres que ces cercles dans lesquels nous évoluons, ces cénacles qui, comme autant de petites cours de récrés impitoyables, exercent leur insidieuse pression normative. Familles, groupes d'amis, milieux professionnels, réseaux sociaux... autant de miroirs sans cesse tendus à nos visages, dans lesquels se reflète la terreur de décevoir l'image de soi acceptée.

- **La peur de l'inconnu, l'appréhension du changement**

Étrange paradoxe que cette peur tapie au cœur de tout être humain : celle de l'aventure, de la découverte, de la nouveauté... Comme si notre esprit, avide d'exotisme, de dépaysements, s'en trouvait simultanément terrifié.

Quelle est donc cette force obscure qui vient ainsi paralyser nos plus beaux élans d'explorateurs ? D'où nous vient cette douloureuse appréhension du grand large, de l'expérience inédite ? L'inconnu, en dépit de ses auras excitantes de mystères à percer, demeure l'une de nos plus tenaces terreurs.

D'aucuns avancent que cet effroi de la nouveauté serait un héritage de nos gènes de chasseurs-cueilleurs, réminiscence des dangers de l'errance. Que nos ancêtres préhistoriques ont dû domestiquer leur soif d'aventure en ne s'aventurant que dans un territoire balisé et familier. Et que leurs rares découvertes fortuites de contrées vierges ont du leur inculquer cette légitime défiance.

Serait-ce aussi par angoisse de perdre nos repères rassurants, ce confort douillet de nos habitudes qui nous permettent de donner un sens connu à notre environnement immédiat ? L'inconnu auquel on préfère tourner le dos serait alors seulement le reflet de la crainte de nous voir dépossédés de ces béquilles mentales.

C'est ainsi que l'on s'emprisonne dans nos routines, comme des animaux en captivité qui, bien que la porte leur soit ouverte, préfèrent encore demeurer dans leur enclos familier plutôt que d'oser s'aventurer dans l'immensité d'un monde nouveau.

- **La peur de l'abandon et de la solitude**

Depuis la plus tendre enfance, cette sourde angoisse de se voir délaissé, livré à soi-même, nous taraude insidieusement. Effroi légitime à l'état de fétu lorsqu'on n'est encore qu'un nourrisson dépendant de ses parents pour survivre. Mais quelle est donc cette force obscure qui perpétue ce traumatisme en chacun de nous ?

La peur de l'abandon prend racine dans l'inconscient individuel et collectif. Elle puise son fer dans l'expérience de carences affectives précoces, de séparations douloureuses, de rejets ou de trahisons qui ont pu jalonner dès le plus jeune âge.

Mais au-delà du simple vécu personnel, elle semble également procéder de cette sourde inquiétude atavique liée à la menace du retranchement de la horde, du groupe, de la tribu protectrice. Une crainte qui remonte aux temps les plus reculés où l'exclusion du clan signifiait une mort quasi-certaine pour le paria livré aux affres de la nature.

De cette peur fondamentale, mère de toutes les autres angoisses, découlent de multiples anxiétés secondaires. Celle du couple qui se délite, de l'amitié qui se distend, du lien social qui se rompt, de l'isolement, de la marginalité...

La peur de l'abandon n'est autre que la terreur archaïque d'être rayé de la carte, effacé du monde, par ceux-là même dont la présence rassurante est indispensable à notre équilibre. Et son corollaire, la solitude, fait figure d'enfer sur terre pour ceux qui en ont une conception purement négative.

Le défi de celui qui veut s'affranchir de ces angoisses primales est alors d'apprendre à développer son autonomie affective, sa capacité à se suffire à soi-même. Entreprise délicate s'il en est, mais chemin initiatique vers une plus grande liberté intérieure.

L'importance de la prise de conscience pour surmonter ses peurs

Avant de pouvoir espérer dompter nos angoisses, encore faut-il accepter d'affronter leur réalité en face. Non sans une certaine forme d'audace, voire de bravoure, car peu d'exercices sont aussi périlleux que cette plongée au cœur des tréfonds de notre être.

S'observer, se regarder vivre avec honnêteté et lucidité sous peine d'être à jamais aveugle à nos propres failles et tourments. Se pencher sur le miroir trouble de nos pensées pour en scruter les arcanes sans concession. Qui peut se targuer d'avoir déjà accompli cette démarche avec une impartialité absolue ?

Bien souvent, par commodité et par frilosité, nous nous réfugions dans le déni le plus crédule. Rassurés par le prisme déformant de notre égo, nous préférons voir ce que nous voulons voir plutôt que d'affronter nos angles morts.

Pourtant, comment apprivoiser ses propres angoisses si on ne les affronte pas en premier lieu ? Nier leurs existences, ou pire, s'en convaincre fermement, équivaut à courir droit dans le mur sans espoir d'ouverture. Nos peurs, quelles qu'elles soient, sont bel et bien présentes en nous et continueront de nous hanter tant qu'on leur tournera le dos.

Se connaître soi-même, développer cette fameuse "introspection", passe donc obligatoirement par cet audit de conscience permanent et cette indispensable lucidité. Un défi ardu mais ô combien salutaire.

Seul celui qui se montrera impitoyable avec lui-même, qui fera tomber un à un les masques de circonstance, pourra espérer débusquer la vérité sous toutes ses formes. Quitte à se découvrir sous un jour moins flatteur que ce que l'on imaginait... Mais n'est-ce pas un mal pour un bien que d'enfin poser un regard honnête sur nos propres fragilités ?

- **Traquer les origines de nos angoisses**

Une fois la voie de la lucidité sur soi ouverte, le plus ardu reste à faire : arpenter ces sentes tourmentées jusqu'à leurs origines les plus lointaines, leurs soubassements les plus enfouis. Remonter à la source de nos peurs, en extraire les racines jusqu'aux tréfonds pour mieux les déraciner.

Car toute angoisse, aussi insignifiante ou disproportionnée puisse-t-elle paraître, ne surgit jamais par hasard. Ou plutôt si, c'est un hasard issu d'une subtile alchimie intérieure unique à chacun. Le fruit d'une longue sédimentation faite de vécus, d'expériences heureuses ou malheureuses, d'aprioris éducatifs ou culturels...

Des phobies enfantines les plus archaïques, comme cette peur du noir inscrite dans nos gènes de chasseurs des âges obscurs, aux angoisses les plus récentes chevillées à notre vécu, une véritable archéologie de nos terreurs est à entreprendre. Fouiller les couches géologiques de nos mémoires émotionnelles et affectives pour en exhumer les strates une à une.

S'interroger sans relâche sur les fondements de nos peurs même les plus anodines. Pourquoi cette répugnance si prononcée envers les araignées ? D'où me vient cette aversion des grands espaces vides et aérés ? Quelles sont les origines de mon malaise face aux foules et à la promiscuité ?

En remontant la filière de ces angoisses un peu à l'aveugle, on finit toujours par déboucher sur une scène primale, par atteindre le noyau dur générateur. Ce souvenir oublié d'enfance qui a tout déclenché ou cette situation traumatisante qui a ouvert la voie à nos appréhensions les plus tenaces.

Il sera dès lors plus aisé de se défaire de la gangue étouffante de ces peurs déchiffrées en comprenant ce qui en a enclenché les rouages. Et de se réapproprier ce temps jadis perdu à ressasser des angoisses devenues opaques à nos propres yeux.

- **L'indispensable déculpabilisation**

Pourtant, ce travail de fond ardu sur soi-même peut se voir entravé par un obstacle de taille : la culpabilité. Ce lourd sentiment de honte qui vient parasiter notre introspection et lui barrer la route.

La culpabilité est une vieille amie qui, par habitude, vient souvent se lover au creux de nos angoisses les plus récurrentes et les plus invalidantes. Comme si avoir peur était une faiblesse indigne dont on devrait éprouver des remords.

Bien des gens en viennent à se persuader par un mécanisme pervers qu'ils sont les seuls à ressentir telles ou telles peurs. Et que ces dernières sont le signe d'une personnalité fragile, fébrile ou d'un manque de caractère. Convaincus d'être anormaux ou tout simplement indignes d'être qui ils sont réellement, beaucoup préfèrent alors fuir cette réalité en se murant dans le déni et le secret.

Quel gâchis quand on connaît la puissance d'apaisement et de libération qu'apporte au contraire l'acceptation sans fard de nos fragilités ! Car la peur, loin d'être une tare, est une composante intrinsèque de notre nature et de notre humanité. Une émotion indispensable à notre survie au même titre que la joie, la tristesse ou la colère.

C'est justement parce que nous sommes humains que nous avons peur. C'est même là un merveilleux paradoxe que d'être capables d'angoisses à ce point existentielles. Une forme d'intelligence émotionnelle et de conscience de soi qui n'appartient qu'à l'espèce humaine.

Dépasser la culpabilité revient donc à nous réapproprier ce qui fait notre essence profonde. Et à chasser les idées préconçues sur le manque de valeur intrinsèque que représenteraient nos peurs. Un défi d'humilité et d'amour-propre, certes, mais le pas obligé pour transformer une faiblesse en force.

- **Se dépouiller du poids du paraître**

Une fois ces obstacles déculpabilisant ôtés de notre route, une autre épreuve de taille se présente encore à nous : surmonter la tyrannie des apparences. Car pour bon nombre de nos phobies, le désir de conformité et de respectabilité sociale est un puissant levier d'angoisse.

L'humain est un animal éminemment grégaire. Son instinct de survie le pousse à vouloir s'intégrer dans le groupe, le troupeau, la meute rassurante. Faire bande, c'est là un réflexe primitif qui, bien qu'indispensable à un stade primordial, peut se révéler extrêmement contraignant par la suite.

A vouloir à tout prix singer la norme, l'attitude modèle, les codes convenus, nombreux sont ceux qui en viennent à museler leur personnalité profonde. Par peur du rejet, de l'opprobre ou simplement du qu'en-dira-t-on de ces cercles d'appartenance si précieux à nos yeux.

On finit par renier une part entière de nous-mêmes pour adopter les postures dictées par cette société du paraitre. Et sombrer dans une forme d'auto-censure permanente.

Au terme de ce cheminement pavé d'introspection, d'humilité et de remises en question, une évidence éclate au grand jour : nos peurs, aussi viscérales et profondes soient-elles, ne sont ni des fatalités indélogeables ni des boulets définitifs à notre réalisation.

Car nul n'est à jamais prisonnier de ses propres angoisses lorsqu'il consent enfin à ne plus leur tourner le dos mais à les affronter de face, sans détour. À débusquer leurs origines les plus obscures, à les mettre à nu sans fard ni complaisance, dans une démarche d'honnêteté radicale envers soi-même.

Un long cheminement certes, une quête harassante qui exige de s'armer d'une solide dose de courage et d'abnégation pour explorer ces contrées intérieures si longtemps inexplorées. Mais quelle renaissance une fois ce travail d'introspection accompli !

Quel incroyable allègement de porter enfin un regard décomplexé sur ce qui faisait jadis notre principale source d'appréhension ! Car ce sont bien ces craintes inavouées, ces terreurs inavouables qui nous alourdissaient le plus jusqu'à présent, ajoutant le poids de la honte et du secret à celui de l'angoisse nue.

Se libérer de cette chape de plomb, c'est renouer avec une forme d'insouciance nouvelle, une légèreté de vivre que l'on croyait perdue à jamais. Un nouveau souffle pour se hisser enfin hors des sables mouvants du doute viscéral et de l'angoisse lancinante.

Car toute cette entreprise d'introspection n'avait qu'un seul et unique but : retrouver une pleine souveraineté sur nos pensées, nos sentiments, notre existence... Se réapproprier notre liberté intérieure en s'extirpant du carcan des frayeurs inconscientes et des phobies indéfinissables.

Cessons dès lors de nous complaire dans ces prisons dorées de la peur où nous calfeutraient nos propres dénis ! Débarrassons-nous de ces œillères qui nous ont trop longtemps masqué l'évidence : nos craintes ne sont que de vaines chimères, d'inconsistants épouvantails agités par notre manque de lucidité.

Au grand jour de la conscience éclairée, que reste-t-il une fois dispersés ces nuages d'angoisses factices ? Le champ lumineux de mille possibles enfin dévoilés à nous, offerts à qui saura les saisir. Une vie neuve, débarrassée du poids de ses vieilles frayeurs infantiles, qui se déploie à l'infini...

Toutes ces peurs tellement envahissantes hier, qui paraissaient nous border de si hautes murailles infranchissables, ne sont désormais plus que de lointains fantômes auréolés de cendres. De simples obstacles que l'on franchira avec l'aisance de celui qui a su leur faire perdre leur prétendue toute-puissance.

Rien ne nous arrête plus, nulle barrière autre que celles que nous voudrons bien désormais ériger. Le champ des possibles s'ouvre à l'infini sur l'incroyable richesse d'existences encore insoupçonnées. Au loin les vieux démons apprivoisés n'ont plus qu'à battre en retraite, résiduelles apparitions sans relief d'un obscurantisme révolu.

Demain se lèvera sur tous ces clairs matins à portée de main où les craintes d'hier ne trouveront plus d'asile. Nos pas auront gagné en assurance et en fermeté ce que nos peurs auront perdu en consistance et en emprise. Nos chemins s'élargiront, s'illumineront, habités par cette plénitude nouvelle d'exister enfin dans la pleine conscience de soi.

Chapitre 3 : Les conséquences de la peur sur nos actions

Insidieuse, envahissante, envoûtante même, la peur a ce terrifiant pouvoir de se lover au creux de nos existences comme un sournois virus. De suinter tel un venin paralysant à travers nos moindres interstices pour venir infecter chacun de nos gestes, chacune de nos pensées.

A rester trop longtemps sourde aux murmures lancinants de nos angoisses, on finit par s'accommoder de cette languissante servitude. Capitulant peu à peu face aux injonctions de nos peurs, on se met à leur obéir au doigt et à l'œil, à se mouvoir dans les stricts couloirs qu'elles nous assignent.

C'est ainsi que bien des foyers de rébellion, des brasiers de révolte, des élans de vie encore neufs se sont vus étouffés dans l'œuf. Contrits, leurs incarnations humaines n'ont eu d'autres choix que de plier l'échine devant les désirs contraignants de leurs bourreaux intimes.

Car la peur ne se contente pas d'un règne sur nos esprits. Son insatiable appétit de domination la pousse à dicter également son propre code à l'ensemble de notre être. S'immisçant sournoisement dans nos schémas comportementaux les plus ancrés, elle en vient peu à peu à tirer les ficelles de nos plus infimes agissements.

À pas feutrés, elle prend l'ascendant sur nos décisions jusqu'aux plus triviales. Progresse à la manière d'un virus indolore mais éminemment efficace pour nous vider de notre substance, détourner nos élans, museler nos aspirations. Avancer masquée sous les atours de la prudence pour mieux court-circuiter nos audaces.

Son emprise se fait d'autant plus vicieuse qu'elle arrive à nous convaincre de sa légitimité. Par la force d'un funeste réflexe de conservation, elle imprime en chacun de nous ce présupposé perfide : que toute crainte est fondée, que toute prise de risque est vaine et que toute voie de traverse est illusoire.

Brisées sur l'enclume de la contrainte, nombre de nos aspirations les plus folles n'osent plus alors même se formuler. Autant de pistes inexplorées, de possibles étouffés dans l'œuf avant même d'avoir pu seulement éclore ! Combien de vies avortées, d'routes de vie déviées par ce simple réflexe d'évitement de nos désirs ?

La peur est une arme à double-tranchant qui nous asservit en même temps qu'elle paralyse. Par son chantage permanent et son incessant rappel aux risques, elle en vient à obstruer notre libre-arbitre, à restreindre la plénitude des existences qu'elles auraient pu s'offrir.

Aussi douce soit sa voix de serpenteau, la crainte est une insidieuse geôlière. Elle restreint nos horizons possibles au strict périmètre des sentiers battus. Broie l'infinie diversité de nos devenirs dans l'étau étriqué de ses directives mortifères. Et muselle l'exaltante richesse de nos possibles par sa rengaine mortifère : "Reste sagement à ta place, ou tu le paieras !"

Les comportements d'évitement et leurs conséquences

Face à l'invasion de la peur, bien des chemins s'offrent à nous pour tenter d'y faire front. Mais aucun n'est plus naturel, plus inscrit dans nos gènes de primates, que ce réflexe primaire : celui de l'évitement. Fuir la source de nos angoisses, l'écarter de notre trajectoire par un habile contournement pour nous prémunir de sa menace délétère.

Un comportement que l'on pourrait somme toute qualifier de posture de repli, mais qui se révèle en réalité bien plus complexe et nuancé qu'il n'y paraît. Car l'évitement pur et simple de ce qui nous effraie n'est que la partie émergée de l'iceberg des stratégies de contournement qu'élabore notre inconscient face au péril ressenti.

Plutôt que d'embrasser sereinement le risque potentiel qui se dresse devant nous, notre instinct cède trop souvent à la pente séduisante de l'esquive. Comme pour mieux s'épargner la pénible confrontation que représenterait l'action, nous optons presque machinalement pour la facilité de l'immobilisme ou du détour provisoire.

Mais l'esprit humain est ainsi fait qu'il ne se contente rarement de cette fuite en avant primaire. A défaut d'être chassée durablement, la peur fait peu à peu souche en nous par un lent processus d'usure. Profitant de nos fragilités circonstancielles, elle tisse sa toile un peu plus chaque jour autour de notre libre-arbitre.

Petit à petit, nos humbles dérobades ponctuelles se muent en de véritables lignes de conduites pavées d'évitements. Des stratégies de repli en rien désarmées devant la menace de l'angoisse renaissante, mais qui contribuent au contraire à la pérenniser en la nourrissant d'un terreau de nouvelles significations.

Car l'évitement n'est jamais une fin en soi mais un moyen spontané pour notre esprit de se prémunir. Une intention à courte vue pour éluder la difficulté immédiate, mais qui a pour contrepartie de planter les graines d'autres angoisses plus insidieuses encore. De propager la crainte par de nouvelles fuites comportementales faites pour temporiser mais qui viennent en réalité se cristalliser à terme en d'autres craintes.

- **La lente dérive de l'évitement primaire**

C'est ainsi que bien des peurs initiales bien localisées finissent par essaimer et proliférer dans les plis de nos devenirs incertains. Entretenues par ces cycles d'évitement perpétuel qu'elles suscitent, nos angoisses ne font alors que changer de visage et s'affirmer sur de nouveaux terrains avec la même insistance.

De mini capitulations en modestes redditions face à la tentation de fuir le malaise, de nouvelles phobies monstrueuses viennent bâtir leurs propres empires de tourments encore plus envahissants. Au risque de se retrouver prisonnier de logiques d'évitement toujours plus labyrinthiques dont on peine à trouver la sortie.

Que l'on se rassure en se dispensant volontairement d'une épreuve ou en remettant une tâche à plus tard, qu'on cherche à contourner un problème par un détour temporaire avant de l'affronter... Les motifs sont multiples derrière ces choix de facilité. Mais tous convergent vers une même conséquence : s'enferrer dans un jeu de dupes où l'évitement n'est qu'un pis-aller temporaire mais ô combien pernicieux.

Car c'est là tout le paradoxe de ces stratégies de la dénégation érigées en véritable mode de vie. A trop fuir les angoisses, à vouloir les éluder par des parades comportementales réflexes et des ruses d'évitement assumées, on en vient insidieusement à leur concéder toujours plus de terrain sur son existence.

Privées de leur salutaire confrontation aux peurs qui les habitent, les personnes acculées à l'évitement récurrent et entretenu finissent par entrer dans une forme d'engrenage dont il leur est bien difficile de se défaire. Contraires à leurs désirs premiers en adoptant ces tactiques d'évitement, elles se retrouvent paradoxalement à donner corps et puissance à leurs propres craintes par ce même processus de perpétuelle échappatoire.

La paralysie de la peur et ses effets sur notre développement personnel et professionnel

Si certaines peurs nous poussent à l'évitement, d'autres en revanche nous clouent sur place dans une forme de sidération généralisée. Une paralysie insidieuse qui nous ôte jusqu'à l'énergie de la fuite, nous privant de toute velléité de mouvement, qu'il soit physique ou psychologique.

Une sensation d'enlisement permanent, un engluement dans les affres de l'appréhension contre lequel toute lutte semble vaine. On se retrouve alors piégé dans un épais brouillard d'angoisse perpétuelle qui vient colorer chacune de nos perceptions, enrayer chacune de nos aspirations.

Tout semble soudain se figer, se figer autour de nous comme autant de menaces diffuses mais bien réelles à nos yeux égarés. Plus rien n'a de sens ni de saveur, hormis cette sensation afflictive d'être au bord du précipice, d'évoluer sur un fil d'où le moindre pas pourrait nous être fatal.

L'angoisse paralyse nos esprits en même temps qu'elle vient museler nos élans de vivre. Elle nous plonge dans une forme d'apathie morbide où les jours n'ont plus de réel relief, où chaque instant semble dénué de substance autre que cette sourde terreur lancinante.

Progressant sournoisement à bas bruit, c'est une forme de démotivation généralisée qui vient peu à peu prendre possession de nos âmes. Une résignation maussade, un renoncement à toute perspective d'épanouissement qui se fait de plus en plus prégnante à mesure que la gangue anxieuse resserre son étau.

Dès lors, plus rien ne semble digne d'être entrepris, d'être même envisagé tant le risque potentiel de déconvenue apparaît comme une menace majeure. À quoi bon se projeter, se fixer des objectifs ambitieux, concevoir des rêves dépassant les limites rassurantes de notre zone de confort... À quoi bon prendre le risque de se découvrir si cela ne mène qu'à la déception de l'échec ou au tourment du changement ?

C'est ainsi que les ambitions les plus folles en viennent à pourrir sur pied, que les potentiels les plus féconds restent en jachère sans jamais éclore. Ensevelis sous cette chape de plomb de l'angoisse qui vient museler leur expression, leur autorisant tout juste à bourdonner en sourdine au fond de nos mémoires.

Un immobilisme de façade, certes, mais qui en vient pourtant à façonner nos vies dans leur intégralité. Car à trop laisser prospérer ce virus de l'inertie anxieuse, on finit par en adopter les codes comportementaux jusque dans nos relations et nos entreprises les plus triviales. Jusqu'à ce que ce mal fasse pleinement corps avec nous au point d'en devenir indissociable, une part intégrante de notre quotidien.

- **L'impasse développementale**

Qu'elle soit passagère ou durablement enracinée, cette paralysie du devenir est paradoxalement à l'origine de nombreux dénouements inconciliables avec nos aspirations les plus profondes. Elle peut sembler de prime abord une posture sage et humble garantissant la stabilité mais engendre en réalité bien des trajectoires brisées et des ambitions trahies.

En maintenant indéfiniment le statu quo morbide d'une existence monochrome où toute percée lumineuse est redoutée, on finit par accepter de renoncer à bon nombre de nos rêves par un lent processus de résignation. Une forme d'abandon imperceptible qui ne se vit jamais comme tel sur le moment mais dont on mesure l'ampleur une fois le naufrage consommé.

Combien ont cru sagement temporiser dans l'attente d'une hypothétique fenêtre de tir plus favorable avant de s'engouffrer dans l'ouverture tant attendue... pour se retrouver à la fin à n'avoir jamais franchi le cap ? Emportés par l'inexorable courant des années, ils ont laissé passer leur chance au bord du chemin avec la douce certitude de l'avoir manquée.

Car l'angoisse de l'affrontement est une vorace ogresse qui prend de plus en plus d'ampleur au fil du temps qu'on lui concède. À vouloir trop repousser l'échéance, à se lover dans l'attentisme d'une peur trompeusement confortable, on se crée à petit feu les conditions de son déclassement personnel irrémédiable.

Le prix de l'immobilisme se paie souvent à la dure monnaie d'une vie de regrets ou de désillusions professionnelles. Que de brillantes carrières se sont enlisées dans les sables des angoisses mal dompées ! Que de parcours d'exception avortés par ce simple défaut d'audace pris pour une imprudence légitime !

Aux premières loges de ce désastre, combien ont assisté impuissants à la lente descente aux enfers de leurs rêves les plus beaux ? Spectateurs englués d'existences contraintes par la peur et qui n'ont eu de cesse de voir leur champ des possibles se rétrécir un peu plus chaque jour...

Jusqu'au jour où le terrible constat a fini par s'imposer, l'inacceptable évidence s'est rappelée à leurs bons souvenirs : que tous ces compromis temporaires, tous ces détours obligés par l'appréhension pour des lendemains plus cléments ne les avaient menés qu'à une funeste impasse. Une voie de garage au point de non-retour, sans autre issue qu'une forme d'abandon définitif de ce qu'ils étaient en droit d'espérer.

Alors s'abat dans toute sa cruelle réalité cette prise de conscience : que cette stratégie du "pour l'instant", du "pas maintenant", qui se voulait prudence et sagesse aura sonné le glas de leurs ambitions les plus chères. Une forme de reculade sécurisante pour l'heure devenue le pire des pièges à long terme. Et désormais plus aucune porte de sortie ne semble leur être accordée pour se réconcilier avec ce qu'ils auraient pu être.

- **La régression sur ses acquis**

Mais ces carences et ces renoncements dans nos entreprises de vie ne sont que la partie émergée de l'iceberg. Car parallèlement aux occasions manquées et aux rêves étouffés dans l'œuf, un autre sinistre processus prend naissance dans ces esprits rongés par l'immobilisme anxieux : celui de l'insidieuse régression sur soi.

À trop laisser les angoisses obstruer nos ambitions, nous en venons peu à peu à délaisser une à une les compétences et les acquis durement engrangés au fil des années. Comme un lent coup de gomme effaçant inexorablement les traits de ce que nous avons été un jour, leur perte nous coûte jour après jour un peu plus de notre substance.

Ce déclin prend souvent des allures insidieuses. Une forme de démotivation larvée mine petit à petit nos qualités et nos talents. La confiance en nos capacités s'érode sans même qu'on s'en rende compte. L'ennui sape peu à petit notre entrain jusqu'à nous faire douter de la valeur des savoirs que nous avons péniblement acquis.

Au final, la peur se révèle être une bien redoutable ennemie intérieure quand on lui laisse les rênes de nos existences. Loin de se cantonner à ses manifestions les plus évidentes, elle déploie au contraire tout un arsenal insidieux pour museler nos évolutions et contraindre nos trajectoires de vie.

Que l'on choisisse de la fuir par des stratégies pavées de comportements d'évitement, ou qu'on se laisse envahir par sa force d'inertie paralysante, ses effets sont aussi pernicieux que dévastateurs sur nos accomplissements et nos devenirs. Des existences entières peuvent s'échouer sur ces récifs d'angoisses mal négociés, privées de l'épanouissement qui aurait dû être le leur.

Avec le recul, toutes ces petites concessions, ces demi-mesures pour se prémunir de ses tourments peuvent sembler légitimes et de bon sens. Mais ne nous y trompons pas : elles constituent les premiers pas sur une pente glissante dont on ne mesure que trop tard le piège mortel.

A trop chercher à reculer l'échéance d'une confrontation, on finit par s'enferrer dans une logique d'évitement mortifère. A trop vouloir se blinder contre le changement, on s'érige soi-même les murs d'une prison dorée sans même le réaliser. Jusqu'à se retrouver un jour face à l'inacceptable, le naufrage consommé de nos ambitions les plus chères.

Car en nous soustrayant lâchement aux défis qu'elles représentent, nous donnons en réalité toujours plus de crédit à nos propres angoisses plutôt que de les défier. Laissant leurs reproches et leurs chimères spéculatives enfler dans nos esprits jusqu'à en devenir de véritables monstres tout-puissants.

À l'inverse, affronter ces peurs de plein fouet et les réduire à ce qu'elles ne sont réellement - de simples spectres fallacieux - est le seul moyen de les déposséder de leur emprise. De reprendre la main sur nos propres chemins de vie pour leur redonner la trajectoire que nous sommes en droit d'espérer.

Il faut oser s'extirper du cantonnement mortifère des postures défensives, de ce confort trompeur de l'immobilité pour enfin se lancer sur les voies glorieuses de l'affirmation de soi. Seule cette pleine acceptation de nos fragilités pourra nous libérer du carcan dans lequel la peur aura voulu nous contraindre.

C'est le prix à payer pour déployer enfin nos ailes, cesser de nous terrer et embrasser les horizons qui sont les nôtres. Une transition exigeante, sans nul doute, mais dont l'enjeu n'est rien moins que la plénitude d'une existence délivrée du poids écrasant de l'inertie anxieuse.

Car quoi que nous ait soufflé la peur pour nous garder sous son joug, nos ambitions et nos rêves légitimes n'ont pas à rester d'insaisissables chimères. À nous d'oser de nouveau les saisir à bras le corps, de défier ces spectres qui n'ont de puissance que celle que nous voulons bien leur accorder !

Chapitre 4 : Cultiver le courage intérieur

Tout au long de nos vies, la peur n'aura de cesse de se dresser sur notre route tel un infranchissable colosse aux multiples visages. Une véritable hydre insatiable qui semble renaître de ses cendres à chaque fois que nous pensons l'avoir terrassée.

Car l'angoisse a ce redoutable talent du caméléon. Celle dont nous pensions nous être définitivement débarrassés dans nos jeunes années ressurgit sous d'autres atours dans la fleur de l'âge. Et celles qui nous auront épargnés jusqu'à la force de l'âge mûr ne manqueront pas de resurgir à l'aube de nos vieux jours pour une ultime chevauchée.

A chaque étape de nos existences, de nouvelles interrogations viennent spontanément rouvrir les plaies de nos appréhensions, remettant immanquablement en cause la tranquille confiance de nos certitudes.

Serons-nous à la hauteur des attentes placées en nous ? Saurons-nous dompter cette épreuve qui se profile à l'horizon ? Oserons-nous embrasser les changements de cap que la vie nous impose ? Toutes ces lancinantes remises en question ne sont que les masques familiers d'une seule et même peur multiforme : celle de l'inconnu, du changement, de la nouveauté.

Un doute visqueux qui vient insidieusement se coller à nous tel un ancien compagnon de cordée dont on aurait bien du mal à se défaire. Un frein permanent, un poids mort qui nous retiendrait en arrière sur les rampes de notre accomplissement personnel.

C'est là le spectre menaçant qui hante en permanence nos esprits quand il n'est pas domestiqué. Un saboteur dans l'ombre qui désamorce nos audaces, brise nos rêves au berceau et paralyse nos élans dès qu'ils outrepassent le territoire balisé de notre zone de confort.

À trop le laisser libre cours, cette peur obsédante finit par façonner nos vies à sa guise, en restreindre les marges de manœuvre et en limiter dès le départ les épanouissements possibles. Jusqu'à nous contraindre dans un carcan de craintes où nos aspirations les plus fraîches n'osent même plus éclore.

Si délicieux puisse paraître ce cocon douillet sur l'instant, assoupi dans l'illusion de sa réconfortante sécurité, il ne recèle en réalité qu'une douce mais mortelle léthargie. Car le véritable péril n'est pas au-dehors mais bien en nous.

Dans cette infime défaillance de l'âme, cette fragile fêlure de la volonté qui laisse libre cours à l'invasion des angoisses au détriment de nos ambitions légitimes.

Face à l'implacable voracité de ces peurs, une seule voie de salut se dessine donc pour quiconque aspire à vivre pleinement : celle du courage intérieur. Seul un profond travail sur soi pour cultiver cette fierté intrinsèque à oser malgré les obstacles peut permettre de terrasser ces démons oppressants.

Un labeur de chaque instant qui exige de prendre le contre-pied des facilités de la peur pour embrasser de plain-pied l'audace d'exister. Une constante remise en cause, un dépassement permanent des limites que nous voudrions trop facilement assigner à nos accomplissements. Oser en un mot ! Oser quand tout nous y dissuade, oser quand on pressent déjà le vertige, oser malgré les risques calculés, oser par-delà les doutes mortifères qui nous rongent !

Car c'est bien là le seul et unique secret pour déjouer les pièges de nos craintes les plus profondes : les défier de front, les affronter au corps à corps pour mieux en révéler la facticité. Seul ce courage viscéral à marcher imperturbablement dans la direction de nos rêves peut nous permettre de fouler au pied ces angoisses qui nous guettent pour mieux nous asservir.

Il faut donc apprendre cet âpre chemin de l'affirmation de soi pour couper court aux ruminations obsédantes de la peur. S'endurcir à l'épreuve de la remise en cause pour opposer au doute une inflexible détermination. Tendre l'échine comme le bois souple mais incassable pour se prémunir de la déferlante d'incertitudes qui menacerait de nous submerger.

Et surtout, oser prendre le risque de l'échec plutôt que d'en endosser la certitude par avance ! Car nos errances et nos chutes ne sont que les humbles concessions à payer sur la voie escarpée du développement personnel. Des pièces de rançon dérisoires en regard de la plénitude des existences accomplies dont elles nous ouvrent les portes !

Les stratégies pour renforcer sa confiance en soi

La peur n'est rien d'autre qu'un stratagème conçu par l'esprit pour nous maintenir en sécurité. Mais trop souvent, cette peur salvatrice se transforme en un boulet qui entrave nos progrès. Que ce soit la peur de l'échec, du jugement ou de l'inconnu, elle nous paralyse et nous empêche d'atteindre notre plein potentiel. C'est pourquoi il est crucial de réapprendre à apprivoiser cette peur, à la dompter pour qu'elle cesse de nous dominer. Et la clé pour y parvenir réside dans le renforcement de notre confiance en nous.

- **Comprendre les racines de la peur**

Avant de pouvoir vaincre nos peurs, nous devons d'abord en comprendre les origines. Car la peur n'est pas une émotion innée, mais bien le fruit de nos expériences passées et de nos schémas de pensée négatifs. Peut-être avons-nous été blessés ou humiliés dans notre enfance, ou avons-nous simplement intériorisé les critiques incessantes de nos proches. Quoi qu'il en soit, ces blessures se sont peu à peu transformées en doutes et en craintes qui minent aujourd'hui notre assurance.

Pour briser ce cycle vicieux, il est essentiel de prendre conscience de ces schémas destructeurs. Posez-vous les bonnes questions : D'où vient cette peur qui m'étreint lorsque je dois prendre la parole en public ? Quelles sont les croyances limitantes qui m'empêchent d'oser me lancer dans cette nouvelle aventure professionnelle ? En explorant ainsi les racines de nos peurs, nous pourrons enfin les affronter et les déraciner.

- **Affronter ses peurs pas à pas**

Une fois que nous avons identifié nos peurs, il est temps de les affronter de front. Mais plutôt que de nous jeter dans le grand bain, l'approche progressive est souvent la plus efficace. Établissez une liste d'objectifs réalistes à atteindre, en commençant par les défis les plus abordables.

Par exemple, si vous rêvez de monter sur scène mais que l'idée même vous tétanise, commencez par vous entraîner à prendre la parole en petit comité, devant des proches bienveillants. Puis, une fois cette étape franchie, élargissez progressivement le cercle jusqu'à pouvoir vous produire devant un large public.

À chaque objectif atteint, célébrez cette victoire et nourrissez-en votre confiance en vous. Car rien n'est plus motivant que de constater par nous-mêmes que nos peurs sont surmontables. Avec de la persévérance et de petits pas résolus, même les montagnes les plus vertigineuses finiront par s'aplanir sur notre route.

- **Adopter une posture résolue**

Bien que cela puisse sembler anodin, notre langage corporel en dit long sur notre état d'esprit. Les épaules voûtées, le regard fuyant et la démarche traînante sont autant de signaux d'insécurité qui ne font que nourrir nos doutes. C'est pourquoi il est crucial d'adopter une posture résolue, qui incarnera la confiance que nous souhaitons dégager.

Redressez la tête, bombez le torse et ancrez-vous fermement dans le sol. Même si vous ne vous en sentez pas capable sur le moment, cette posture de force finira par teinter votre état d'esprit. Une recherche de l'université Harvard a d'ailleurs démontré que se tenir de manière affirmée, même durant seulement deux minutes, suffit à augmenter les niveaux de testostérone et à réduire le stress.

Mais la posture ne se limite pas qu'au langage corporel. Votre façon de vous exprimer, le ton de votre voix et votre débit sont tout aussi importants. Entraînez-vous à parler lentement, d'une voix assurée et à soutenir le regard de votre interlocuteur. Au fil du temps, ces nouveaux automatismes finiront par imprégner votre assurance, jusqu'à ce que la peur n'ait plus de prise sur vous.

- **Alimenter son estime de soi**

Bien que nos peurs puissent nous sembler insurmontables, n'oublions pas que ce sont nos propres voix intérieures qui bien souvent les exacerbent. Ces petites voix déplaisantes qui sèment le doute et remettent en cause chacun de nos faits et gestes. "Tu n'es pas assez intelligent/e pour réussir." "Personne ne voudra t'écouter." "Tu vas tout faire rater comme d'habitude."

Face à ce flot incessant de critiques, il est primordial de réaffirmer notre valeur intrinsèque et de nourrir une saine estime de nous-mêmes. Prenez le temps de répertorier vos forces, vos accomplissements et tout ce qui fait de vous quelqu'un d'unique et de précieux. Parsemez votre quotidien de petits rappels positifs, que ce soit sous forme de post-it motivants ou de affirmations dans le miroir.

Vous pouvez également constituer un porte-documents regroupant tous vos succès passés - diplômes, évaluations élogieuses, marques de reconnaissance. Ce porte-documents sera un témoin tangible de votre valeur, auquel vous pourrez vous référer lors de vos moments de doute.

Car si nous voulons vaincre nos peurs, nous devons d'abord renouer avec cette petite étincelle en nous, cette confiance inconditionnelle qui ne demande qu'à être ravivée. Et lorsque cette flamme se mettra à brûler intensément, plus aucune ombre ne pourra l'étouffer.

- **Voir plus grand que nos peurs**

Nos peurs ont souvent une fâcheuse tendance à accaparer toute notre attention, au point de ne plus voir qu'elles. Nous passons notre temps à les ressasser, à imaginer les innombrables scénarios catastrophe qui pourraient survenir si nous osions tenter quelque chose de nouveau. Mais en nous focalisant ainsi sur nos angoisses, nous manquons de voir la formidable opportunité qui se présente à nous.

Apprenez donc à regarder au-delà du prisme déformant de la peur pour entrevoir les merveilleux horizons qui vous seront ouverts une fois que vous l'aurez dépassée. Que se passerait-il si vous releviez ce nouveau défi professionnel ? Quels épanouissements et quelles portes cela pourrait-il ouvrir dans votre vie ? Maintenant, fermez les yeux et visualisez-vous en train de savourer pleinement ce succès. Emplissez-vous de l'euphorie et de la fierté qui vous habiteraient.

En nous projetant ainsi dans l'accomplissement de nos rêves, la peur semble bien dérisoire en comparaison des immenses bénéfices à retirer. C'est une puissante source de motivation qui nous rappelle pourquoi nous nous battons et qui galvanise notre détermination à aller de l'avant.

Car oui, le voyage sera peut-être semé d'embûches. Mais posséder une vision transcendante de ce vers quoi nous tendons nous permettra de surmonter ces obstacles avec une sérénité renouvelée.

Apprendre à faire face aux situations difficiles avec courage et détermination

La vie est une longue route jalonnée d'embûches et de défis à surmonter. Qu'il s'agisse de revers professionnels, de deuils douloureux ou de simples déceptions, nous sommes constamment mis à l'épreuve. Et trop souvent, ces épreuves nous paralysent et alimentent nos peurs les plus tenaces.

Pourtant, c'est dans ces moments d'adversité que se révèle la véritable force du guerrier en chacun de nous. Car affronter ces tempêtes avec courage et détermination, c'est se donner les moyens de grandir, de transcender nos fragilités pour devenir ces êtres résilients que nous aspirons à être. Alors ne vous laissez plus terrasser par la peur, mais apprenez à puiser en vous cette sève vitale qui vous permettra de vous épanouir, même dans les contrées les plus hostiles.

- **Traverser l'orage plutôt que le fuir**

Face à une situation difficile, notre première impulsion est bien souvent de prendre la fuite et d'essayer d'y échapper par tous les moyens. On se terre, on se lamente, on espère que le problème finira par se résoudre de lui-même. Mais en agissant ainsi, nous ne faisons que repousser l'inévitable et laisser nos angoisses prendre le dessus.

La véritable bravoure réside dans notre capacité à marcher droit dans la tempête et à l'affronter de plein fouet, peu importe les vents contraires. Car si nous choisissons de fuir aujourd'hui, ces vents finiront un jour par nous rattraper, décuplés par la force de notre échappatoire.

Mieux vaut donc serrer les dents, rassembler tout notre courage et faire face aux tourmentes qui jalonnent notre chemin. En avançant résolument, pas après pas, nous forgerons des muscles de résilience qui nous permettront de traverser n'importe quel orage, la tête haute et le cœur blindé.

- **Voir les défis comme des tremplins**

L'existence regorge d'épreuves qui peuvent sembler insurmontables au premier abord. Une perte d'emploi, une rupture amoureuse, un échec cuisant... Ces revers ont le pouvoir de nous ébranler jusque dans nos fondations les plus profondes et de faire chanceler notre confiance en nous.

Pourtant, si nous prenons le temps de les examiner d'un œil différent, ces défis peuvent aussi représenter de formidables tremplins vers un avenir plus conforme à nos aspirations. Cette perte d'emploi pourrait par exemple vous permettre de vous réinventer dans un domaine plus épanouissant. Cette rupture, si douloureuse soit-elle, vous évitera peut-être de vous engluer dans une relation stagnante.

Plutôt que de vous laisser paralyser par la peur de ces changements imposés, essayez donc d'en voir les potentiels insoupçonnés. Visualisez les nouvelles portes qui pourraient s'ouvrir à vous grâce à ce revers initial. Et gardez à l'esprit que ce qui semble être une malédiction aujourd'hui pourrait bien se révéler être une bénédiction déguisée dans les années à venir.

- **Prendre appui sur son cercle de soutien**

Lorsque nous traversons des épreuves douloureuses, il peut être tentant de nous murer dans notre souffrance et de refuser toute aide extérieure. Mais en cédant ainsi à la solitude, nous ne faisons que nourrir nos peurs et nos idées noires, là où le soutien de nos proches aurait pu les estomper quelque peu.

N'ayez donc pas peur de faire appel à votre entourage, ce puissant rempart contre l'adversité. Entourez-vous de personnes bienveillantes qui sauront vous apporter réconfort, conseils avisés et surtout la force de poursuivre votre route malgré les embûches. Car c'est bien souvent l'amour et la compréhension de ceux qui nous sont chers qui nous permettent de puiser au plus profond de nous-mêmes les ressources nécessaires pour surmonter nos défis.

Que ce soit au sein de votre famille, de votre cercle d'amis ou même dans des groupes de soutien spécialisés, gardez à l'esprit que vous n'êtes jamais seul pour affronter la tempête. Et en partageant ainsi vos fardeaux, vous réaliserez qu'ils avaient en réalité un poids bien moindre que ce que vous aviez imaginé.

- **Apprendre de ses chutes pour mieux se relever**

"Un guerrier tombe six fois, mais se relève sept fois", dit un célèbre proverbe japonais. Et quelle que soit l'âpreté du combat que vous menez, il est inévitable que vous connaissiez quelques revers au cours de votre vie. Des échecs professionnels, des rapports humains conflictuels, des entreprises avortées... Les prétextes à la chute sont innombrables.

Mais plutôt que de vous laisser terrasser par ces faux pas, apprenez à les accueillir comme de précieux apprentissages sur la route de la résilience. Car chaque chute recèle son lot de leçons sur nos forces, nos faiblesses, mais aussi sur les stratégies gagnantes à adopter.

Prenez le temps d'analyser sereinement ce qui n'a pas fonctionné afin d'en tirer les enseignements qui vous permettront de faire mieux la prochaine fois. N'ayez pas peur non plus de partager ouvertement vos déboires avec vos proches ou vos mentors. Leur regard extérieur et leurs conseils avisés vous aideront à y voir plus clair et à ajuster votre cap.

Et lorsque vous aurez fait le deuil de vos chutes et intégré leurs leçons, il vous restera à vous relever, plus déterminé que jamais. Car ce n'est qu'en multipliant les remises en selle que vous acquerrez cette force de caractère aussi souple que le roseau, mais aussi inébranlable que le chêne centenaire.

- **Célébrer les petites victoires**

Lorsque nous sommes au cœur d'une tourmente, il peut être difficile de garder les yeux rivés sur l'horizon et d'entrevoir la délivrance qui nous attend. Trop souvent, nous avons la fâcheuse tendance à nous focaliser sur l'immensité de la tâche qui nous attend, au point de nous décourager avant même d'avoir entamé le voyage.

C'est pourquoi il est crucial de prendre le temps d'honorer chacune de nos petites avancées, aussi modestes soient-elles. En cultivant cette habitude de célébrer nos micro-victoires, nous entretenons un état d'esprit conquérant qui nous donnera la force d'aller toujours plus loin.

Chaque progrès franchi, même infime, mérite d'être souligné et savouré. Que ce soit la rédaction d'un plan d'action détaillé, le renouvellement de votre garde-robe après une rupture difficile ou encore la citation flatteuse d'un client satisfait, saisissez chaque occasion de vous féliciter et d'exalter ces petits pas qui vous rapprochent un peu plus de votre destination finale.

Pour résumer, surmonter ses peurs n'est pas une mince affaire. C'est un combat de tous les instants contre ces voix insidieuses qui tentent de museler notre potentiel. Mais c'est également un chemin initiatique vers une vie plus audacieuse et épanouie, loin des carcans qui nous retenaient prisonniers.

Le parcours sera inévitablement jalonné d'épreuves et de doutes lancinants. Vous vous demanderez peut-être si vous avez la force nécessaire pour franchir ces obstacles. Vos anciennes peurs reviendront probablement vous narguer, telle une vieille connaissance têtue. Mais n'ayez crainte, car au plus profond de vous brûle une flamme inextinguible : votre courage.

Cette flamme, vous l'avez attisée au fil des défis relevés, des petites victoires célébrées. Elle s'est nourrie de chacune de vos chutes, dont vous êtes ressorti plus trempé que jamais. Elle a résonné à chaque fois que vous avez osé affronter vos craintes de plein fouet au lieu de leur tourner le dos.

Alors lorsque vos peurs menaceront de refaire surface, lorsque le vent tentera de l'éteindre, rappelez-vous la vaillance dont vous avez su faire preuve jusque-là. Ressentez ce feu qui pulse au creux de votre être et qui inonde de sa chaleur réconfortante les tréfonds de votre âme. Laissez-le vous embraser tout entier jusqu'à ce que rien ni personne ne puisse plus ébranler votre détermination sans faille.

Car au bout du chemin, cette flamme du courage sera devenue un puissant brasier, consumant sur son passage tous les derniers reliquats de crainte qui vous entravaient jadis. Vous sentirez alors cette liberté grisante de pouvoir avancer la tête haute, armé d'une confiance immuable. Et ce jour-là, vous saurez que vous avez définitivement dompté la peur pour vivre selon vos rêves les plus audacieux.

Chapitre 5 : Surmonter les obstacles avec courage

La route vers l'épanouissement personnel est parsemée d'embûches en tous genres qui peuvent avoir tôt fait de semer le doute dans nos esprits. Des échecs cuisants, des remises en question douloureuses, des portes qui se ferment inexorablement sur nos rêves... Autant d'obstacles dressés sur notre chemin, qui ébranlent nos certitudes et menacent de nourrir nos peurs les plus tenaces.

Pourtant, chacune de ces épreuves recèle en son sein une formidable opportunité de cultiver ce courage résolu qui ne demande qu'à s'exprimer. Car c'est bien souvent dans l'adversité que se révèle la trempe d'un guerrier, celle d'un être capable d'avancer d'un pas ferme au lieu de se laisser paralyser par l'appréhension.

Imaginez un peu la situation. Vous vous lancez dans un nouveau projet des plus motivants, tel un explorateur avide de contrées inexplorées. Vos premiers pas sont légers, portés par l'excitation de l'inconnu. Mais rapidement, d'épaisses broussailles viennent entraver votre progression. Vos schémas mentaux familiers, ces vieilles peurs récurrentes, se mettent à vous obstruer la vue avec une multitude de "Et si... ?" angoissants.

C'est alors qu'un choix décisif s'offre à vous. Allez-vous rebrousser chemin, l'échine basse, pour retourner dans le confort de vos zones de sécurité ? Ou armerez-vous plutôt votre détermination pour affronter ces obstacles de plein fouet et continuer d'avancer, envers et contre tout ?

La décision vous appartient, comme elle appartiendra à chaque nouvelle embûche qui se dressera devant vous. Mais si vous décidez d'opter pour la seconde voie, celle du courage, vous apprendrez bien vite que rien n'est véritablement insurmontable pour qui possède une volonté de fer. Car au fil des obstacles semés sur votre parcours, vous acquerrez les outils pour les déjouer un à un.

Vous découvrirez comment faire de chaque défi une source de croissance inestimable. Comment transformer les échecs apparents en autant de tremplins vers de nouvelles réussites. Comment mobiliser les ressources en vous et autour de vous pour vous frayer un chemin jusqu'au but escompté.

Et lorsque vous atteindrez finalement ce but, vous réaliserez alors que ces obstacles qui vous faisaient tant redouter n'étaient en réalité que d'infimes grains de sable face à l'immense plage que représentait votre détermination. Celle de cet aventurier qui, au lieu de se laisser détourner de son périple par les premières embûches, a choisi d'affronter chacune d'entre elles avec un courage de fer, pour finalement voir ses rêves se matérialiser au-delà de ses espérances les plus folles.

Les étapes pour affronter ses peurs et les dépasser

Nos peurs sont bien ancrées en nous, tissées dans les tréfonds de notre inconscient par des années de conditionnements et d'expériences difficiles. Elles font partie intégrante de notre bagage émotionnel et psychologique. Tenter de s'en défaire d'un simple coup de baguette magique relèverait de la plus pure utopie.

Cela étant dit, il est tout à fait possible d'apprivoiser ces peurs et de les dompter, au point qu'elles n'aient plus de prise sur notre existence. Mais pour y parvenir, il faudra s'engager dans un véritable travail sur soi, une quête initiatique vers une vie désenflouée des carcans de la peur. Un périple riche en défis, en remises en question profondes, mais surtout, en récompenses inouïes pour qui franchira les différentes étapes avec courage et persévérance.

- **Prendre conscience de ses schémas de peur**

La première étape à franchir est sans conteste de prendre pleinement conscience des peurs qui nous assaillent et des schémas mentaux qui les alimentent continuellement. Un processus souvent douloureux, car cela implique de soulever la lourde pierre sous laquelle nous avions soigneusement enfoui ces fragilités au fil des années.

Revenez donc sur vos sursauts d'angoisse, vos phobies ou vos blocages avec un esprit d'ouverture et d'honnêteté radicale. D'où proviennent-ils réellement ? De quelles croyances primaires et limitantes sont-ils issus ? Une fois que vous aurez cartographié avec précision ce sombre territoire, il vous sera plus aisé de concevoir des stratégies pour le conquérir.

N'ayez pas peur non plus de sonder les zones d'ombre les plus profondes, ces traumatismes et ces blessures enracinées qui ont fini par faire germer la majeure partie de vos angoisses actuelles. Plus vous réussirez à faire la lumière sur ces fondations, plus il vous sera aisé de déterrer ces peurs à la source pour mieux vous en défaire.

- **Affronter graduellement ses craintes**

Une fois que vous aurez identifié et défriché au grand jour le terrain de vos peurs, il sera temps de s'attaquer au travail de défrichage proprement dit. Mais plutôt que de chercher à tout raser d'un coup, optez pour une approche progressive, par petits pas résolus.

Commencez par vous fixer des petits objectifs gérables qui vous permettront de vous familiariser sereinement avec l'horizon de vos craintes. Si par exemple vous avez peur de prendre la parole en public, entraînez-vous d'abord devant un miroir, puis devant un proche de confiance.

Une fois ce premier palier franchi, vous pourrez vous attaquer à des défis un peu plus conséquents. Et ainsi de suite, jusqu'à ce que ce qui vous terrifiait naguère ne devienne plus qu'un lointain souvenir. Car en procédant par étapes, vous découvrirez que chacune de vos victoires, aussi minimes soient-elles, renforcera un peu plus votre confiance et votre détermination à continuer d'avancer.

- **Accepter et transmuter ses peurs**

Même une fois que vous aurez franchi plusieurs défis pour tenter d'apprivoiser vos craintes, certaines d'entre elles subsisteront peut-être, tenaces. C'est à ce moment crucial qu'il vous faudra apprendre à les accueillir, telles qu'elles sont, sans les combattre davantage.

Car lutter contre ses peurs ne fait bien souvent que leur conférer plus d'ampleur. Au lieu de cela, essayez d'observer ces émotions avec l'œil curieux et détaché du spectateur. Respirez profondément, et laissez-les vous traverser sans jugement, ni rejet. Elles finiront par s'évaporer d'elles-mêmes, comme ces vagues qui viennent s'échouer sur la plage avant de refluer tranquillement.

Vous pourrez ensuite entamer le travail de transmutation, qui consiste à transpercer ces peurs avec l'acuité de votre conscience pour mieux en extraire les trésors enfouis : la pulsion de vie qui sommeille en leur creux, l'opportunité de croissance qu'elles représentent pour peu qu'on les apprivoise. Une fois cette opération effectuée, vos craintes auront perdu leur venin pour ne plus devenir que de simples signaux à accueillir avec compassion.

- **Ancrer de nouveaux réflexes d'audace**

L'ultime étape dans ce voyage vers une vie affranchie de la peur sera d'ancrer en vous des réflexes de hardiesse qui finiront par supplanter vos vieux schémas émotionnels pour de bon. Car une fois que vous aurez usé vos premières cartouches de courage à défier vos plus grandes frayeurs, le processus d'apprivoisement finira peu à peu par devenir une seconde nature.

Dès que vous ressentirez les prémices d'une peur quelconque, votre première réaction sera alors de l'accueillir avec sérénité et de la défier en mettant immédiatement vos nouvelles compétences d'audace à profit. Au lieu de vous laisser envahir par cette angoisse familière, vous choisirez délibérément la voie inconfortable mais revigorante de l'exposer hardiment à la lumière de votre conscience.

Au fil du temps et de l'entraînement, cette nouvelle posture deviendra un automatisme profondément ancré, au point qu'elle finira par remodeler la structure même de votre personnalité. Vos proches seront les premiers à s'étonner de cette nouvelle aisance qui vous habite, vous qui étiez autrefois si craintif et hésitant.

Et un jour, vous vous réveillerez en réalisant que vos peurs se sont comme évaporées, diluées dans la hardiesse devenue votre nouveau mode d'être au monde. Vous serez à jamais libéré de ces carcans émotionnels, enfin disponible pour vivre pleinement l'existence dont vous aviez toujours secrètement rêvé.

Les techniques de gestion émotionnelle pour faire face à l'adversité

Lorsque l'adversité nous frappe de plein fouet, il peut être tentant de se laisser submerger par les vagues déferlantes de nos émotions. La détresse nous engourdit, la colère nous aveugle, le découragement menace de nous terrasser. Dans ces moments de grande tourmente intérieure, notre esprit s'emballe et prend le contrôle total sur notre être, nous privant de notre calme et de notre lucidité.

Pourtant, s'abandonner ainsi au chaos émotionnel revient à se laisser balloter sans défense par les flots tumultueux de l'existence. Car l'adversité ne fait que gagner en puissance lorsqu'on lui concède le terrain de nos fragilités émotionnelles. C'est pourquoi il est crucial d'avoir à disposition des techniques éprouvées pour reprendre la main sur nos états d'âme, aussi ardus soient-ils à dompter.

En cultivant cette capacité à gérer nos vents émotionnels avec maîtrise, nous nous donnons les moyens de conserver un cap serein, quelle que soit la houle qui menace de nous déstabiliser. Nous pourrons alors faire preuve de la résilience nécessaire pour affronter les obstacles les plus ardus et en ressortir grandis. Un prérequis indispensable pour transformer chaque défi en une opportunité de croissance.

- **La pleine conscience, une boussole dans la tempête**

Lorsque nos émotions deviennent un raz-de-marée incontrôlable, il peut être d'un grand secours d'ancrer fermement notre conscience dans l'instant présent pour nous extraire de ce chaos intérieur. C'est le principe même de la pleine conscience, une pratique millénaire riche en bienfaits pour l'esprit et le corps.

Plutôt que de vous laisser entraîner par les tourbillons anxiogènes de vos pensées, apprenez à rediriger votre attention sur les sensations purement physiques de l'instant présent : le mouvement de votre respiration, les sons environnants, la sensation du sol sous vos pieds... Imprégnez-vous pleinement de ces stimuli ancrés dans le moment, sans vous laisser distraire par les divagations incessantes de votre mental.

Au fur et à mesure que vous pratiquerez cet exercice avec assiduité, vous découvrirez un profond état de sérénité intérieure, un lieu de paix immuable depuis lequel vous pourrez observer vos émotions tumultueuses avec le détachement du spectateur. Vous réaliserez alors qu'elles ne sont qu'un flot passager, là où votre véritable essence demeure un lac limpide peu importe la tempête qui fait rage à sa surface.

- **Le dialogue intérieur, pour apprivoiser ses démons**

Les émotions les plus tenaces sont bien souvent nourries par ces dialogues intérieurs toxiques que nous entretenons en boucle avec nous-mêmes. Ces voix insidieuses qui ressassent indéfiniment nos pires angoisses et nos plus sombres tourments, jusqu'à ce qu'ils en deviennent une réalité envahissante.

Plutôt que de chercher à les fuir ou à les étouffer, apprenez à accueillir ces pensées dérangeantes avec bienveillance et curiosité. Engagez un dialogue respectueux avec ces aspects plus sombres de votre psyché. Écoutez ce qu'ils ont à vous dire, quelles peurs ou quels besoins il cherchent à exprimer à travers leur voix. Sans porter de jugement, répondez-leur avec compassion, comme vous le feriez avec un ami en détresse.

Vous découvrirez peu à peu que ces entités qui vous semblaient si hostiles ne demandaient qu'à être accueillies et rassurées au lieu d'être combattues. Leur véhémence commencera alors à s'atténuer, jusqu'à ce qu'elles se muent en de précieux alliés intérieurs, prêts à vous soutenir dans les moments les plus ardus.

- **La respiration consciente, un cocon apaisant**

La respiration est l'un des outils des plus simples et des plus accessibles pour apaiser le tumulte de nos émotions. À chaque inspiration, nous avons la possibilité d'insuffler de la sérénité jusque dans nos tréfonds. À chaque expiration, la possibilité d'évacuer les tensions et les tourments nuisibles qui cherchent à s'accrocher à nous.

Mais encore faut-il en être pleinement conscient et savoir respirer avec intention. Au cœur d'un ouragan émotionnel, prenez le temps de vous isoler quelques instants pour vous concentrer exclusivement sur le flux invisible mais vivifiant de votre respiration. Inspirez longuement par le nez en vous représentant l'air apaisant qui vient caresser les moindres recoins de votre être. Expirez ensuite tout en relâchant la pression émotionnelle qui vous submerge.

Au fil des respirations, vous sentirez votre corps se détendre et se ressourcer, tandis que votre esprit pourra s'extraire des gesticulations névrotiques qui l'agitaient. Cette bulle protectrice, vous pourrez ensuite l'emporter partout avec vous en pratiquant régulièrement de brèves séances de respiration consciente. Lorsque les vagues se feront trop menaçantes, fiez-vous à ce doux rempart pour vous permettre de garder la tête hors de l'eau.

- **L'expression par l'écriture, un exutoire libérateur**

Si certaines émotions persistent à vous travailler de l'intérieur malgré tous vos efforts, n'hésitez pas à leur donner une forme d'expression cathartique à travers l'écriture. Saisissez un carnet ou un document vierge, et videz-vous entièrement de ces ressentis tourmenteurs.

Laissez les mots couler à flots, sans filtre ni retenue. Extériorisez tout : vos tristesses, vos colères, vos frustrations... Rien ne doit être tu ni embelli.

Ne vous arrêtez que lorsque vous sentirez que plus rien ne vous étreint de l'intérieur, que toute la noirceur aura été évacuée sur le papier ou l'écran. Cette méthode vous permettra de prendre du recul salvateur sur vos émotions, au lieu de les laisser prendre racine dans les méandres de votre psyché.

Une fois ce processus effectué, vous aurez la possibilité de relire votre écrit avec l'œil avisé du sage qui voit tout d'un regard extérieur. Vous constaterez à quel point ces émotions qui semblaient si démesurées n'étaient en fait qu'un épiphénomène passager dès lors qu'elles ont été extraites et objectivées par l'écriture.

- **La force insoupçonnée du lâcher-prise**

Parfois, quoi que nous fassions, certaines émotions resteront tout simplement hors de notre contrôle, récalcitrantes à toute tentative de gestion. C'est dans ces moments-là que le lâcher-prise s'avère être une technique d'une puissance insoupçonnée pour traverser les grandes tempêtes émotionnelles. Car cette posture ne doit pas être confondue avec un quelconque aveu de faiblesse ou de résignation défaitiste. Il s'agit au contraire d'une immense démonstration de force et de sagesse.

Lâcher prise, c'est accepter humblement que certaines choses échappent à notre volonté, aussi acharnés que nous soyons à vouloir les maîtriser. C'est réaliser que se battre indéfiniment contre un courant émotionnel ne fait que nous épuiser davantage tout en alimentant ce flot de résistance. Mais c'est surtout se donner la possibilité d'utiliser cette énergie perdue dans un combat vain pour mieux nous recentrer sur l'essentiel.

Imaginez un peu la scène. Vous êtes au milieu d'une rivière tumultueuse qui menace de vous emporter. Vous luttez de toutes vos forces pour avancer contre le courant déchaîné, dépensant vos dernières réserves d'énergie dans une lutte vouée à l'échec. Épuisé, vous finissez par renoncer et vous laisser porter par le flux indomptable, les bras écartés en signe d'abandon total.

Et c'est là, dans ce lâcher-prise complet, que vous réalisez soudain que la rivière vous entraîne en réalité vers des eaux bien plus calmes et accueillantes. Désormais libéré du poids de votre vaine résistance, vous vous mettez à flotter avec sérénité, sauvé par les bras mêmes du torrent qui menaçait de vous terrasser quelques instants plus tôt.

Le lâcher-prise émotionnel nous offre ce même type de révélation salvatrice. En cessant de nous cramponner à l'idée illusoire de contrôler des souffrances qui nous dépassent, nous nous libérons pour mieux canaliser notre énergie vers des perspectives plus apaisantes. Au lieu de demeurer inertes face à des vagues d'émotions qui grossissent à mesure que nous leur opposons une résistance, nous choisissons de nous laisser porter avec fluidité, confiants dans notre capacité à garder la tête hors de l'eau.

Cela ne signifie pas pour autant abandonner toute forme d'action ou de responsabilité. Il s'agit simplement d'un changement de perspective pour mieux agir sur ce qui est réellement en notre pouvoir à l'instant présent. Une fois cette sagesse intégrée, vous découvrirez qu'il existe une grande force dans la souplesse de celui qui plie mais ne rompt pas. Une force qui vous permettra d'affronter les pires tourments avec la résilience tranquille du roseau dans la tempête.

Au terme de ce chapitre, j'espère que vous aurez pris pleinement conscience d'une vérité fondamentale : vos peurs et les obstacles qui jalonnent votre route ne sont que des défis à relever, non des barrières infranchissables. Certes, ils peuvent sembler intimidants lorsqu'on les considère de loin, immenses et menaçants. Mais à chaque fois que vous trouverez le courage d'affronter ces remparts de plein fouet, vous constaterez qu'ils n'étaient que de fragiles décors de carton-pâte, balayés par la tempête de votre détermination.

Le voyage pour s'affranchir de la peur et la laisser derrière soi sera parfois éprouvant, je ne vous le cacherai pas. Il vous faudra bien souvent mordre sur votre chique, ravaler vos doutes et vos angoisses pour continuer d'avancer envers et contre tout. Les épreuves seront rudes, les remises en question déchirantes. Mais rappelez-vous qu'à chaque obstacle que vous franchirez, vous gagnerez en expérience, en confiance, en robustesse émotionnelle.

Jusqu'à ce qu'un jour, vous réalisiez avec stupeur que ce qui vous terrifiait autrefois ne soulève plus en vous qu'un haussement d'épaules et un sourire serein. Que cette angoisse qui vous rongeait naguère ne vous inspire désormais qu'un sentiment d'excitation, celui de l'aventurier prêt à se lancer dans une nouvelle quête initiatique.

Car oui, le voyage vers cette vie du carcan de la peur recèle bien des trésors immenses pour qui ose le mener jusqu'au bout. Outre cette liberté reconquise pour aller au bout de vos rêves les plus insensés, vous y gagnerez également un profond sentiment de plénitude et une confiance inébranlable en vos capacités.

Imaginez un peu la personne que vous deviendrez alors. Celle qui affronte chaque défi les yeux dans les yeux et le sourire aux lèvres. Celle qui sait reconnaître une opportunité de croissance dans l'adversité la plus ardue. Celle dont le courage et la résilience rayonnent sur son entourage, inspirant à la fois respect et admiration.

Bref, la personne que vous aviez toujours rêvé d'être secrètement, avant que la voix de la peur ne vienne étouffer vos ardeurs. Alors n'hésitez plus une seconde : foncez tête baissée sur ce chemin de vie. Avancez, vaillamment, audacieusement. Encore et encore, jusqu'à ce que cette vie exaltante ne soit enfin la vôtre !

Chapitre 6 : La gestion de la peur dans différents domaines de la vie

Lorsque la peur s'immisce dans chaque recoin de notre existence, n'ayant de cesse de nous miner et de nous restreindre, elle en vient à se muer en une misérable geôlière. Ses barreaux invisibles mais ô combien solides nous emprisonnent dans une vie étriquée, frileuse, à des années-lumière du chemin radieux que nous étions destinés à emprunter.

La peur de l'échec nous paralyse avant même d'avoir osé nous élancer vers nos rêves. La peur des autres nous coupe d'expériences sociales enrichissantes. La peur du jugement nous pousse à nous complaire dans une vie de compromis plutôt que de suivre notre voie. Et que dire des phobies plus viscérales, qui nous privent de pans entiers de liberté et d'épanouissement ?

Le triste constat est le même dans tous les domaines de la vie : si nous n'apprenons pas à apprivoiser ces peurs tenaces, elles continueront de dicter nos faits et gestes sans que nous n'en prenions conscience. Et la vie passera, inexorablement, tandis que nous serons restés agrippés aux barreaux de notre étroite prison émotionnelle.

Fort heureusement, rien n'est immuable. Car la peur, si puissante soit-elle, peut être domptée. Oh bien sûr, il serait naïf de penser que nous pourrons un jour nous en débarrasser totalement. Cette vieille compagne fait trop intimement partie de notre héritage biologique et émotionnel pour cela.

Mais nous pouvons en revanche apprendre à composer avec elle, à l'apprivoiser suffisamment pour qu'elle ne prenne plus le pas sur nos choix et nos aspirations. Une démarche certes semée d'embuches, qui demandera son lot d'introspection et de remises en question ardues. Mais une quête initiatique qui, une fois ses différentes épreuves relevées avec bravoure, nous ouvrira la voie vers une vie infiniment plus libre et épanouie.

Alors au cours des prochaines pages, nous explorerons ensemble les différentes facettes de cette peur multiforme, dans ses manifestations les plus insidieuses comme ses visages les plus primaires. Mais surtout, nous étudierons dans le détail les stratégies élaborées par les plus grands explorateurs de l'âme humaine pour l'apprivoiser et la rendre enfin bénigne dans chacun des domaines de votre existence. Un voyage initiatique pour reconquérir par à-coups votre souveraineté sur la peur, et ainsi faire de votre vie un véritable joyau d'audace, de liberté et de plénitude.

La peur dans les relations interpersonnelles

S'il est un domaine où la peur peut se révéler particulièrement destructrice, c'est bien celui des relations interpersonnelles. Que ce soit dans le cercle amical, professionnel ou amoureux, nos craintes les plus tenaces ont un don pour venir saper les fondations de nos liens les plus précieux, dressant entre nous et les autres des barrières de méfiance et d'évitement.

La peur du jugement et du rejet nous pousse à revêtir de pesants masques de circonstance, dissimulant notre véritable nature aux yeux de nos proches. L'appréhension de l'abandon nous incite à fuir toute connexion profonde pour mieux ériger nos remparts émotionnels. La terreur de l'intimité nous cantonne à des liaisons superficielles plutôt que d'oser être pleinement vulnérables.

pourtant, cette profonde connexion authentique avec autrui est vitale à notre équilibre et notre accomplissement personnel. Se priver d'expériences de partage véritables revient à s'amputer d'une partie essentielle de ce qui fait notre humanité. C'est pourquoi il est crucial d'apprendre à apprivoiser ces spectres de la peur qui nous en empêchent, pour enfin tisser des liens d'une richesse et d'une profondeur insoupçonnées.

- **Oser sa vulnérabilité pour des liens épanouis**

Bien trop souvent, notre peur de l'intimité nous conduit à nous lover dans une carapace rassurante, où seules quelques bribes soigneusement sélectionnées de notre personnalité sont exposées au regard de nos relations. Une forme d'auto-sabotage qui nous prive de connexions profondes et épanouies.

Car impossible d'accéder à la dimension transcendante du lien humain sans faire l'expérience de la vulnérabilité. Seule cette capacité à dévoiler nos parts d'ombre, nos blessures secrètes, nos fragilités les plus enfouies, permet de créer cette alchimie unique d'une âme à l'autre. Un partage dénué de fard où les masques tombent pour laisser place à l'authenticité nue, parfois dérangeante mais toujours précieuse.

Oser se dévoiler ainsi demande un incroyable courage, c'est indéniable. Un saut dans l'inconnu qui déclenche d'insidieuses petites voix intérieures, susurrant que nous risquons le rejet, le mépris, l'abandon. Mais rappelez-vous que c'est justement cette témérité dans la vulnérabilité qui vous rendra cher aux yeux des autres. Car qui d'autre qu'un être profondément authentique pourrait inspirer un tel respect et une telle affection ?

- **Déconstruire ses peurs pour se lier en confiance**

La méfiance, le manque de confiance envers autrui... Autant de poisons insidieux qui contaminent la plupart de nos relations avant même qu'elles n'éclosent. Combien de fois ne nous sommes-nous pas privés d'une amitié prometteuse ou d'une relation de travail fructueuse par simple peur de nous avouer trompés sur la personne ?

Ces freins psychologiques prennent bien souvent racine dans les couches les plus profondes de notre histoire personnelle. Une accumulation de trahisons, de déceptions, d'abandons qui finissent par nous conditionner dans la méfiance. Une forme d'autoprotection émotionnelle, certes, mais aussi un terrible gâchis qui nous empêche de tisser les liens dont nous avons pourtant tant besoin.

Pour s'en défaire, il faut accepter d'explorer avec bienveillance ces vieilles blessures, ces clichés négatifs qui conditionnent notre rapport à l'autre. Sonder nos schémas émotionnels avec curiosité pour en comprendre les tenants et les aboutissants. Et surtout, réaliser à quel point ces craintes sont devenues obsolètes, de simples résidus psychologiques d'une époque révolue.

Ce processus de déconstruction sera souvent confrontant, mais il vous permettra à terme de renouer avec une confiance retrouvée en vos capacités relationnelles. Une confiance qui engendrera naturellement la sérénité nécessaire pour vous ouvrir sans crainte aux nouvelles connexions qui se présenteront.

- **Transcender la peur du jugement pour des liens libérés**

Cette peur du jugement d'autrui se manifeste de mille manières insidieuses. Que ce soit à travers nos réticences à nous exprimer pleinement par crainte du ridicule, notre évitement des expériences qui pourraient nous exposer aux moqueries, ou encore nos compromis vestimentaires et comportementaux pour mieux nous fondre dans le moule social. Toujours, cette sourde angoisse du regard désapprobateur est là, telle une chape de plomb qui nous empêche de déployer pleinement nos ailes.

Pourtant, quelle liberté insoupçonnée ne gagnerait-on pas à se défaire peu à peu de ces inquiétudes stériles ? Imaginez la sérénité de celui qui vit désormais chaque instant en pleine conscience de lui-même, sans se soucier des éventuels jugements extérieurs. La légèreté d'être qui se dégage de ces êtres souverains, qui n'ont cure des conventions pour mieux être en phase avec leurs valeurs les plus profondes.

Se dégager de l'emprise de cette peur représentera un défi de chaque instant, c'est indéniable. Mais quel accomplissement, au final, que d'avoir su transcender ces craintes factices qui trop longtemps ont saboté l'expression de votre moi véritable ! Une voie de liberté, d'authenticité... et donc de connexions infiniment plus saines et profondes avec votre entourage. Car les autres ne pourront que louer ce courage d'être pleinement soi-même, sans masque ni fard.

La peur dans le monde du travail

Dans notre société où le succès professionnel est érigé en nouvelle forme de réussite suprême, il n'est guère surprenant que les peurs les plus tenaces viennent précisément contaminer ce domaine. Que ce soit l'appréhension de l'échec, la terreur du jugement ou encore la crainte d'un avenir incertain, ces freins émotionnels paralysent notre audace et notre élan au travail.

Ils se manifestent à travers nos réticences à prendre des risques, à sortir de notre zone de confort ou à assumer pleinement nos ambitions. Ils nous cantonnent dans une routine étouffante plutôt que de nous élancer vers de nouveaux défis à la hauteur de nos rêves. Ils musèlent nos élans de créativité, nos idées les plus avant-gardistes, par peur du rejet ou du ridicule.

Au final, ces entraves psychologiques sapent notre épanouissement et notre productivité, tout en nous privant des immenses joies que procurent l'audace, l'engagement et l'accomplissement. Il est donc crucial de les déconstruire une à une, afin de renouer avec une vie professionnelle nourrie d'enthousiasme, de dépassement et de réalisations exaltantes.

- **Transcender la peur de l'échec pour rêver grand**

Rien de tel que la crainte de l'échec pour nous berner dans une petite existence étriquée, loin des sphères de grandeur que nous étions destinés à explorer. Cette peur viscérale d'échouer, de perdre la face, d'essuyer l'humiliation publique devient bien trop vite un réflexe d'autoprotection qui nous bride dans nos élans les plus audacieux.

Elle nous pousse à toujours choisir la solution de facilité, la route connue, plutôt que d'emprunter les chemins escarpes mais combien plus enrichissants du défi. Elle nous incite à minimiser nos rêves, à raréfier nos ambitions pour mieux les mettre à notre portée. Bref, elle fait de nous des êtres médiocres aux aspirations étriquées, résignés à l'immobilisme plutôt que d'oser secouer leurs chaînes.

Pourtant, se soustraire au carcan de cette peur, c'est se donner la liberté de viser de nouveau les cimes, ces sommets qui semblaient autrefois inaccessibles. De renouer avec une existence à la hauteur de nos plus brillants idéaux. Une vie trempée d'insouciance joyeuse et d'expériences exaltantes, désormais conquise sur la peur elle-même !

- **Savourer l'incertitude pour un parcours débridé**

"Homme précaire, invention de chaque instant", écrivait le poète Edmond Jabès. Une invite poétique à l'insouciance face à l'incertitude qui pourrait tout aussi bien devenir un puissant mantra contre cette peur délétère de l'inconnu qui paralyse tant de carrières prometteuses.

Car refuser l'incertitude par simple terreur de ce que l'avenir nous réserve, c'est se condamner à l'immobilisme et à la routine étouffante. C'est renoncer à emprunter les chemins de traverse les plus stimulants par simple peur de s'égarer. C'est abdiquer face aux voies sinueuses mais combien enthousiasmantes de l'audace et de la créativité.

L'acceptation radieuse de l'incertitude, en revanche, devient un extraordinaire sésame vers l'épanouissement et l'accomplissement professionnels. Une fois cette appréhension dépassée, chaque jour devient une nouvelle aventure grisant par ses défis et ses incertitudes à relever. Chaque projet une formidable aire de jeu pour explorer de nouveaux territoires avec fougue. Un grand bol d'air vivifiant après la claustrophobie étouffante de la zone de confort.

Apprendre à savourer cette incertitude exaltante, à la chérir comme on étreint une vieille amie fantasque plutôt que de la redouter, voilà la clé pour débarrasser votre parcours des carcans émotionnels qui l'encerclaient jusqu'alors. La voie vers une existence trépidante, tonifiante, sublimement dépourvue de routine !

- **Cultiver l'estime de soi pour rayonner sans crainte**

Cette crainte du jugement négatif, si nous ne parvenons pas à l'apprivoiser, devient un frein de plus en plus pesant à mesure que nous grimpons les échelons hiérarchiques. Elle nous pousse à museler nos opinions tranchées, à faire profil bas plutôt que d'incarner ce leadership affirmé qui pourtant force le respect. Elle nous incite à taire nos idées audacieuses de peur qu'on ne les juge saugrenues. Bref, elle fait de nous des ombres réfractées de notre potentiel plutôt que les êtres épanouis et rayonnants que nous sommes réellement.

Cultiver au contraire une solide estime de soi devient dès lors un impératif pour nous affranchir de cette entrave. Une estime qui ne naît pas de la vaine arrogance, mais bien de la conscience apaisée de notre valeur intrinsèque en tant qu'être humain. Cette assurance tranquille nous permettra d'être pleinement présents à nous-mêmes, sans nous soucier outre mesure du regard extérieur.

De cette force apaisée découlera un rayonnement naturel qui forcera le respect de notre entourage professionnel. Un respect qui n'aura rien à voir avec la crainte ou la flagornerie, mais sera simplement le juste écho de l'aura dégagée par celui qui n'a plus peur d'exister pleinement.

La peur dans la réalisation de projets personnels

Que vous aspiriez à créer votre entreprise, changer de carrière, partir explorer de nouvelles contrées, ou réaliser quelque autre chimère secrète, une myriade d'appréhensions familières ne manquera pas de se faire sournoisement l'écho de toutes les raisons de renoncer.

Peur de l'échec cuisant qui vous exposerait à la risée générale. Terreur de l'inconnu qui vous ferait rebrousser chemin aux premiers obstacles. Angoisse de ne pas être à la hauteur des défis à venir. Ou plus sournoisement encore, cette crainte viscérale de réussir au-delà de vos espérances qui vous empêcherait de vous élancer pleinement...

Autant de spectres délétères qui, une fois agrégés, auront tôt fait de museler votre élan créatif pour mieux vous river à votre confort précaire. Une forme d'auto-sabotage émotionnel dont les plus flamboyantes réussites personnelles sont bien trop souvent les victimes collatérales.

À l'inverse, apprendre à transcender ces peurs pour renouer avec l'audace et la persévérance devient la clé pour concrétiser enfin ces rêves qui vous sont si chers. Une démarche d'une puissance libératrice insoupçonnée, qui vous ouvrira la voie vers un accomplissement d'une richesse et d'une profondeur exaltantes.

- **S'affranchir de la terreur de l'échec pour vivre sans regrets**

La peur de l'échec est sans doute la plus vicieuse des entraves psychologiques qui peuvent venir museler nos élans créatifs les plus fougueux. Cette sourde appréhension que tous nos efforts se soldent par un cuisant revers de fortune, qui nous exposera aux moqueries et au jugement impitoyable de notre entourage.

Une crainte d'autant plus pernicieuse et dévastatrice qu'elle trouve généralement ses racines dans les strates les plus anciennes et douloureuses de notre vécu. Une cruelle humiliation publique subies durant l'enfance, une déception sentimentale cinglante, une série d'échecs professionnels successifs... Autant de traumatismes qui, non désamorcés, finiront par constituer un boulet à notre cheville à chaque fois que nous rêverons de nous élancer vers de nouveaux sommets.

Se défaire de l'emprise de cette peur insidieuse, la dompter définitivement, est donc indispensable pour renouer avec cette insouciance fougueuse et conquérante propre aux grandes réalisations. Un processus de guérison intérieure qui vous demandera d'explorer vos zones d'ombre avec lucidité et bienveillance. D'accueillir vos vieilles blessures comme de précieux guides plutôt que d'en faire des muselières étouffantes.

Car définitivement libéré de ce carcan, ce sera une énergie vitale, jaillissante, qui renaîtra en vous. Une ferveur audacieuse, prête à se lancer dans les aventures les plus exaltantes sans autre crainte que de laisser passer sa chance. La puissance de vivre enfin selon votre rythme et vos idéaux plutôt que vos seules frayeurs, voilà le cadeau d'une existence intense et sans regrets !

- **Apprivoiser l'inconnu pour une créativité déchaînée**

Toute réalisation ambitieuse, par définition, implique une part d'inconnu à affronter. Que ce soit un saut vers un nouveau pays ou une carrière à réinventer, de nouveaux territoires inexplorés à arpenter, ce voyage de l'esprit créatif ne pourra se faire sans affronter maints imprévus, embûches et vertiges intérieurs.

Et c'est bien là que se love une autre peur d'une redoutable efficacité pour saborder nos plus beaux projets avant même qu'ils n'éclosent : l'appréhension tenace de cet inconnu déstabilisant, qui nous échappera forcément à un moment ou un autre.

L'inévitable part d'ombre et de doutes qui menacera de nous faire dérailler si nous ne l'accueillons pas d'un cœur affranchi et débridé. Cette crainte qui se muera bien vite en paralysie si elle n'est pas domestiquée, condamnant nos rêves les plus fous au désert aride de l'immobilisme.

En somme, quelle que soit la sphère de notre existence où la peur aura choisi d'ériger son règne étouffant, nous disposons de ressources insoupçonnées pour la détrôner et renouer avec l'audace, l'engagement et l'épanouissement.

Dans nos relations, ce sera en osant la vulnérabilité et l'authenticité que nous saurons bâtir ces liens d'une profondeur et d'une richesse incomparables. Au travail, en transcendant nos craintes du jugement et de l'échec, c'est un rayonnement insoupçonné qui se déploiera, générant respect et accomplissements exaltants. Et dans la poursuite de nos rêves les plus fous, c'est en apprivoisant l'inconnu et les affres du doute que s'ouvrira enfin la voie d'une créativité déchaînée.

Un chemin de reconquête de soi, certes ardu mais d'une puissance proprement libératrice ! Car se défaire du carcan de la peur, c'est bien plus qu'une simple délivrance de ces schémas émotionnels étouffants. C'est se donner la chance de réembrasser pleinement son existence, dans toute sa saveur et son intensité. De renouer avec son enthousiasme d'enfant pour les expériences exaltantes. De faire de chaque jour un tourbillon d'aventures plutôt qu'une litanie de compromis.

Oui, le parcours sera semé d'embûches et demandera des trésors de persévérance, c'est indéniable. Mais quelle récompense ultime, au final, que de se redécouvrir grandi d'une telle force et d'une telle sagesse émancipatrice ! Un accomplissement qui rejaillira sur chaque sphère de votre vie pour en faire un condensé vibrant et goûteux de ce qui fait la noblesse et la grandeur d'être humain.

Chapitre 7 : Transformer la peur en opportunité

Jusqu'ici, nous avons exploré les différents visages de la peur et son impact sur nos vies. Nous avons appris à l'identifier, à la comprendre et même à l'apprivoiser. Mais qu'en est-il maintenant ? Que faire de cette énergie brute qui pulse en nous lorsque la peur frappe à notre porte ?

C'est là que réside l'art de transformer la peur en opportunité. Un art qui nécessite audace et perspicacité, mais qui peut nous mener vers des contrées insoupçonnées. Car n'oublions pas que derrière chaque peur se cache un désir profondément enfoui : le désir de grandir, de s'épanouir et de repousser les limites de notre zone de confort.

Dans ce chapitre, nous allons explorer comment transmuter cette force primale en un tremplin vers la réalisation de soi. Nous apprendrons à écouter la sagesse de nos craintes tout en refusant de leur céder le contrôle. Nous découvrirons des stratégies pratiques pour canaliser notre énergie et transformer nos peurs en sources de motivation et de croissance.

Alors, prêts à relever le défi ? À embrasser ces moments qui nous font frissonner et à les transformer en tremplins vers une vie plus audacieuse et plus épanouie ? Le voyage ne fait que commencer, et les opportunités qui se cachent de l'autre côté de la peur sont infinies.

Utiliser la peur comme moteur de changement et de croissance personnelle

La peur, cette sensation viscérale qui nous étreint lorsque nous sommes confrontés à l'inconnu, peut être une force puissante si on apprend à l'apprivoiser. Bien que souvent perçue comme un obstacle, elle recèle en réalité un potentiel de croissance et de transformation insoupçonné. Ici nous apprendrons comment canaliser cette énergie brute pour en faire un catalyseur de changement et d'épanouissement personnel.

- **Décoder les messages de la peur**

Avant de pouvoir utiliser la peur à notre avantage, il est crucial de comprendre ce qu'elle tente de nous dire. Nos peurs sont souvent liées à des besoins profonds que nous cherchons inconsciemment à combler : besoin de sécurité, d'appartenance, d'estime de soi ou d'accomplissement. En décodant ces messages cachés, nous pouvons identifier les domaines de notre vie qui nécessitent notre attention et notre croissance.

- **Se reconnecter avec ses valeurs fondamentales**

Nos peurs peuvent également refléter un décalage entre nos actions et nos valeurs profondes. Lorsque nous agissons en contradiction avec ce qui nous importe vraiment, la peur surgit pour nous rappeler de rester fidèles à nous-mêmes. En nous reconnectant avec nos principes directeurs, nous pouvons puiser le courage nécessaire pour effectuer les changements qui s'imposent.

- **Repousser les limites de sa zone de confort**

A ce moment crucial, un choix fondamental s'offre à nous. Rebrousser chemin, tourner les talons, nous lover dans le cocon sécurisant de notre petite existence balisée. Ou bien embrasser l'inconnu de plein fouet, laissant les ailes de notre potentiel se déployer.

C'est ici que la voix de la sagesse nous intime de puiser dans la nature profonde de nos peurs. Car au fond, que nous enseignent-elles sinon que nous ne cessons de nous auto-limiter ? Que nous nous satisfaisons trop souvent d'une existence édulcorée, bridant nos aspirations les plus audacieuses ?

Il est désormais temps de célébrer ces signaux d'alarme comme les guides bienveillants qu'ils sont réellement. Des incitations renouvelées à élargir les frontières de notre être, à nous autoriser une vie plus vibrante, plus authentique. A chaque frisson, à chaque battement de cœur un peu trop rapide, reconnaissons l'invitation à nous transcender, à nous réinventer dans une version plus aboutie de nous-mêmes.

C'est ainsi que l'inconfort provisoire de la peur, loin d'être une faiblesse, peut se muer en un puissant allié sur le chemin de notre épanouissement. À chaque fois que nous faisons un pas au-delà de cette zone de confort rassurante mais étriquée, nous gagnons en force intérieure, en résilience, en sagesse.

Certes, repousser ces cloisons invisibles qui entravent notre déploiement nécessitera d'immenses réserves de courage. Mais n'est-ce pas là, précisément, que réside le sel d'une vie véritablement vécue ? Dans cette danse exaltante et perpétuelle entre l'appel de nos rêves les plus fous et les murmures transis de la peur ? Une vie intense, vibrante, portée par le souffle d'une audace sans cesse renouvelée.

- **S'engager dans une démarche d'introspection**

Transformer la peur en opportunité nécessite un travail d'introspection approfondi. Il est crucial de prendre le temps d'explorer nos croyances limitantes, nos schémas de pensée négatifs et nos blessures émotionnelles non résolues. En nous confrontant à ces aspects de nous-mêmes avec honnêteté et compassion, nous pouvons libérer l'espace nécessaire pour accueillir le changement.

- **Cultiver la résilience et la persévérance**

Le chemin de la transformation n'est pas toujours facile, et il est inévitable de rencontrer des obstacles sur notre route. C'est pourquoi il est essentiel de cultiver la résilience et la persévérance. En apprenant à rebondir après les échecs et les revers, nous développons la force intérieure nécessaire pour poursuivre notre quête de croissance, quelles que soient les difficultés rencontrées.

- **Célébrer les petites victoires**

Enfin, n'oublions pas de célébrer chaque petite victoire remportée sur nos peurs. Chaque fois que nous affrontons nos craintes et franchissons une nouvelle étape, nous méritons de nous féliciter et de nous récompenser. Cette reconnaissance positive renforce notre confiance en nous-mêmes et notre détermination à continuer sur cette voie de croissance perpétuelle.

Bien que la peur puisse sembler être un adversaire redoutable, elle recèle en réalité un potentiel immense pour celui ou celle qui apprend à l'apprivoiser. En l'accueillant comme un guide et un catalyseur de changement, nous pouvons repousser les limites de notre zone de confort et nous épanouir pleinement en tant qu'individus. Le chemin n'est pas toujours facile, mais chaque obstacle franchi nous rapproche un peu plus de notre version la plus authentique et épanouie.

Trouver des leçons et des opportunités cachées derrière nos peurs

Enfin, si nous prenons le temps d'observer la peur sous un jour différent, elle peut se révéler être une source inépuisable de sagesse et de croissance personnelle. Derrière chaque frisson se cache un enseignement précieux, une invitation à nous dépasser. Derrière chaque tremblement se dissimule une opportunité de grandir, d'évoluer vers une version plus authentique de nous-mêmes. Nos peurs ne sont pas des ennemies à terrasser, mais des guides bienveillants qui nous poussent à repousser les limites de notre zone de confort. En apprenant à décrypter leurs messages codés, nous pouvons transformer ces émotions primales en catalyseurs de changement et d'épanouissement personnel.

- **Comprendre les origines de nos peurs**

Avant de pouvoir tirer des leçons de nos peurs, il est crucial de comprendre d'où elles proviennent. Bien souvent, elles sont enracinées dans des expériences passées, des croyances limitantes ou des blessures émotionnelles non résolues. En explorant ces racines, nous pouvons commencer à débusquer les schémas de pensée et les comportements qui alimentent nos craintes.

- **Identifier les besoins sous-jacents**

Nos peurs sont rarement ce qu'elles semblent être au premier abord. Elles sont souvent des signaux nous alertant sur des besoins profonds qui ne sont pas comblés : besoin de sécurité, d'appartenance, d'estime de soi ou d'accomplissement. En identifiant ces besoins sous-jacents, nous pouvons trouver des moyens plus sains et plus constructifs de les satisfaire.

- **Repérer les croyances limitantes**

Nos peurs sont souvent alimentées par des croyances limitantes que nous entretenons inconsciemment. Ces croyances, telles que "je ne suis pas assez bon" ou "le monde est un endroit dangereux", colorent notre perception de la réalité et nous empêchent de saisir les opportunités qui se présentent à nous. En remettant en question ces croyances, nous pouvons nous libérer de leur emprise et ouvrir la voie à de nouvelles possibilités.

- **Cultiver la compassion et l'acceptation**

Nos peurs font partie intégrante de notre expérience humaine, et il est important de les accueillir avec compassion et acceptation. En les jugeant ou en les rejetant, nous créons une résistance supplémentaire qui ne fait que les amplifier. En revanche, en les embrassant avec bienveillance, nous pouvons commencer à les apprivoiser et à en tirer des enseignements précieux.

- **Trouver le courage d'agir**

A ce stade charnière, lorsque nous avons identifié la peur qui nous ronge, une voix intérieure nous susurre insidieusement "Et si c'était trop risqué ? Et si j'échouais lamentablement ?" Le courage alors fait subtilement défaut, paralysé par ces murmures anxiogènes. Pourtant, demeurer indéfiniment dans cette zone de confort rassurante mais étouffante, c'est renoncer à notre potentiel d'épanouissement.

Il nous faut alors puiser dans nos ressources les plus profondes pour transcender ces barrières limitantes. Se remémorer les défis relevés avec fierté par le passé, raviver la flamme de notre détermination en évoquant nos rêves les plus audacieux. Et avant tout, ancrer en nous la conviction que nos craintes ne sont que des chimères, des projections dénuées de substance réelle. Car au fond, quelle est la pire des éventualités dont nous avons si peur ? L'échec, le rejet, la souffrance ? Mais toutes ces épreuves, nous les avons déjà traversées et surmontées des dizaines de fois.

Nous réalisons alors qu'en réalité, ce dont nous avons le plus peur, c'est de notre propre immense potentiel. De cette part insoupçonnée de nous-mêmes, capable d'accomplir l'extraordinaire dès lors qu'on lui en donne l'opportunité. Et quel meilleur tremplin pour embrasser cette destinée qui est la nôtre que nos peurs justement ? En les affrontant de plein fouet, en acceptant de danser avec l'inconnu, nous nous donnons la permission d'être tout ce que nous pouvons être.

- **Célébrer la croissance et l'évolution**

Chaque fois que nous tirons une leçon de nos peurs ou que nous saisissons une opportunité qui se présentait, nous méritons de nous féliciter et de reconnaître notre courage et notre détermination. Cette reconnaissance positive renforce notre motivation à continuer sur cette voie de croissance perpétuelle.

Nos peurs peuvent sembler être des obstacles insurmontables, mais elles recèlent en réalité des trésors insoupçonnés. En apprenant à décoder leurs messages profonds, à identifier nos besoins sous-jacents et à remettre en question nos croyances limitantes, nous pouvons transformer ces craintes en sources de sagesse et d'opportunités. Le chemin n'est pas toujours facile, mais chaque fois que nous affrontons nos peurs avec courage et compassion, nous nous rapprochons un peu plus de notre potentiel illimité.

Au final, la peur n'est ni une faiblesse à éradiquer ni un fardeau à porter. C'est une partie intégrante de notre humanité, un guide précieux qui nous invite sans cesse à nous dépasser. Bien que son étreinte puisse sembler étouffante, c'est en l'accueillant avec ouverture et curiosité que nous pourrons découvrir les trésors qu'elle renferme.

Le chemin pour apprivoiser nos peurs et les transformer en opportunités n'est pas simple, il faut le reconnaître. Il exige de nous remettre en question nos croyances les plus ancrées, d'affronter nos blessures les plus profondes. Mais n'est-ce pas là, dans l'inconfort de la remise en cause, que réside la véritable croissance ?

Chaque fois que nous faisons un pas vers nos peurs au lieu de les fuir, nous gagnons en force intérieure. Chaque fois que nous déchiffrons leurs messages cachés, nous nous rapprochons un peu plus de notre essence véritable. Et lorsque nous embrassons enfin ces craintes qui nous hantaient, nous découvrons à quel point elles recelaient de potentiel de changement et d'évolution.

Alors n'ayez crainte, vous qui frissonnez à l'idée de l'inconnu. Vos peurs ne sont pas des geôlières mais des libératrices déguisées. En les accueillant comme des alliées précieuses, vous déploierez les ailes de votre authenticité. Et un jour, en vous retournant, vous réaliserez que là où vous n'aperceviez que des obstacles se dressaient en réalité des portes grandes ouvertes sur un monde de possibilités infinies.

Conclusion

Au terme de ce voyage pour apprivoiser nos peurs, une vérité fondamentale se dégage : nos craintes ne sont ni des ennemies à combattre ni des faiblesses à éradiquer, mais bien des alliées précieuses sur le chemin de la croissance personnelle. Elles sont les gardiennes vigilantes de nos besoins profonds, les sentinelles qui nous rappellent ce qui compte vraiment pour nous.

En apprenant à décrypter leurs messages codés, nous avons découvert qu'elles recélaient des trésors insoupçonnés : des leçons sur nous-mêmes, sur nos forces et nos limites, mais aussi des opportunités de nous dépasser et de nous réinventer sans cesse.

Le chemin n'a pas été simple, il faut bien l'avouer. Affronter nos démons intérieurs, remettre en question nos croyances les plus ancrées, c'est un parcours semé d'embûches. Mais n'est-ce pas dans l'inconfort de la remise en cause que réside la véritable transformation ?

A chaque fois que nous avons fait un pas vers nos peurs au lieu de les fuir, nous avons gagné en force intérieure. A chaque fois que nous avons écouté leurs murmures au lieu de les faire taire, nous nous sommes rapprochés de notre essence véritable. Et lorsque nous avons finalement embrassé ces craintes qui nous hantaient, nous avons découvert qu'elles recelaient un potentiel infini de changement et d'épanouissement.

Désormais, nous ne sommes plus des victimes tremblantes face à la peur, mais des explorateurs audacieux, prêts à affronter l'inconnu. Nous savons que nos craintes ne sont pas des geôlières, mais des guides bienveillants qui nous poussent à repousser les limites de notre zone de confort.

Certes, l'aventure ne fait que commencer, et d'autres défis se dresseront inévitablement sur notre route. Mais nous sommes désormais armés d'un outil puissant : la capacité à transformer nos peurs en tremplins vers une vie plus authentique et plus épanouissante.

Alors n'ayez crainte, vous qui frissonnez encore à l'idée de l'inconnu. Vos peurs ne sont que des portes dérobées sur un monde de possibilités infinies. En les traversant avec courage et curiosité, vous déploierez les ailes de votre potentiel illimité.

Et un jour, en vous retournant sur le chemin parcouru, vous réaliserez que là où vous n'aperceviez jadis que des obstacles se dressaient en réalité des opportunités de grandir, d'évoluer vers la meilleure version de vous-même. Une version courageuse, résiliente, épanouie - libre d'embrasser pleinement l'aventure extraordinaire qu'est la vie.

Annexes :

- **Exercices pratiques pour développer son courage**

1. La descente en flèche :

- Objectif : Affronter directement une de vos peurs pour prendre conscience de votre force intérieure.
- Exercice : Listez 5 à 10 situations qui vous font peur dans la vraie vie (parler en public, aborder quelqu'un, etc.). Classez-les de la moins anxiogène à la plus redoutée. Débutez par les premières en les affrontant une par une. Une fois la peur vaincue, passez à la suivante.

1. Cultiver la pleine conscience :

- Objectif : Ancrer votre esprit dans le moment présent au lieu de ressasser les peurs.
- Exercice : Accordez 5 minutes par jour à observer attentivement vos sensations corporelles et votre environnement immédiat (sons, odeurs, couleurs, etc). Pratiquez la pleine présence plutôt que de vous projeter dans l'inconnu avec anxiété.

1. Boîte à souvenirs de courage :

- Objectif : Raviver la flamme de votre bravoure en vous remémorant vos exploits passés.
- Exercice : Décorez une boîte et insérez-y des notes, photos, objets symboliques liés à des moments où vous avez fait preuve d'audace et

vaincu une difficulté. Ouvrez-la avant une situation source d'appréhension.

1. Ancrage corporel du courage :

- Objectif : Inscrire l'attitude du courage dans votre posture physique.
- Exercice : Demandez à un ami de vous décrire une situation où vous l'avez impressionné par votre détermination. Remémorez vos sensations corporelles à ce moment (respiration, position, regard, etc.). Reproduisez cette posture à chaque fois que vous devez puiser votre courage.

1. Jeu de rôle :

- Objectif : Vous entraîner en toute sécurité à affronter vos peurs.
- Exercice : Avec un proche, mettez en scène une situation anxiogène en jeu de rôle. Pratiquez différentes réponses, respirations, attitudes corporelles pour apprivoiser progressivement vos réactions de peur. Puis transférez ces nouveaux automatismes dans la réalité.

1. Méditation de la peur :

- Objectif : Cesser de fuir vos peurs pour mieux les apprivoiser.
- Exercice : Asseyez-vous confortablement et fermez les yeux. Laissez affluer les peurs, visualisez ce qui vous effraie. Observez calmement leurs manifestations physiques et mentales, sans les juger ni les alimenter. Accueillez-les jusqu'à ce qu'elles se dissipent d'elles-mêmes.

1. Initiation aux situations extrêmes :

- Objectif : Repousser vos limites dans un cadre sécurisé pour éprouver votre courage.
- Exercice : Inscrivez-vous à un stage d'activités défiant vos peurs (parcs à cordages, plongée, escalade, etc.). Sous la supervision d'entraîneurs, confrontez-vous à des situations extrêmes gérées pour explorer les ressources insoupçonnées de votre audace.

Pratiquez ces exercices régulièrement. Le courage est un muscle qu'il faut entraîner sans cesse pour le développer pleinement et transformer durablement vos appréhensions en forces motrices pour réaliser tous vos rêves.

- **Ressources complémentaires sur la gestion de la peur et le développement personnel**

1. Livres :

- "L'Art d'avoir toujours raison" d'Arthur Schopenhauer - Pour développer l'affirmation de soi
- "Le pouvoir du moment présent" d'Eckhart Tolle - Pour ancrer sa conscience hors des projections anxiogènes
- "Les 4 accords toltèques" de Don Miguel Ruiz - Un code de sagesse pour agir avec intégrité et liberté
- "Psychologie de la motivation" de Douglas Renau - Puiser dans ses ressources intérieures

1. Films inspirants :

- Instinct de survie (Into the Wild) - Affronter ses peurs pour trouver sa voie
- La Vie est Belle (La Vita è Bella) - Faire preuve d'audace et d'optimisme malgré l'adversité
- Prométhée déchainé - Surmonter les blocages intérieurs grâce à la résilience

1. Podcasts :

- "Déssinences" - Évelyne Aksin explore les chemins de vie atypiques
- "La Poudre" - Françoise Bazie Mendel décrypte nos mécanismes psychologiques
- "Grandir autrement" - Florine Verpil interroge le sens de nos choix et nos peurs

1. Applications mobiles :

- "Petit Bambou" - Méditations et exercices de pleine conscience
- "Mind" - Affirmations positives personnalisées
- "CBT Pensée" - Techniques de restructuration cognitive

1. Retraites et stages :

- Programme MBSR (Réduction du stress par la pleine conscience)
- Stages de développement personnel en pleine nature
- Formation à l'improvisation théâtrale pour l'affirmation de soi

1. Coachs et thérapies :

- Coaching de vie pour définir sa vision et ses objectifs
- Thérapie ACT (Thérapie d'acceptation et d'engagement)
- Constellation familiale pour libérer ses potentiels
- Thérapie psycho-corporelle pour se relier à ses ressentis

Cette liste n'est bien sûr pas exhaustive. Choisissez les ressources qui parlent à votre âme et n'hésitez pas à les combiner pour multiplier les perspectives sur votre propre transformation intérieure.

www.ingramcontent.com/pod-product-compliance
Lightning Source LLC
LaVergne TN
LVHW090128160826
845673LV00015B/1110